수백만 명의 인생을 바꿔놓은
암웨이 스토리

Amway Story

수백만 명의 인생을 바꿔놓은
암웨이 스토리

윌버 크로스 지음 | 윤은모 감수 | 최기원 옮김

 아름다운사회
Beautiful Society

암웨이 마케팅 그리고
세상에 변화를 불러온 암웨이 방식

놀라운 암웨이 스토리를 바탕으로 암웨이 방식을 살펴보고 창립자를 비롯해 다음의 인물을 소개한다.

- **팀 폴리**: 미국의 프로 미식축구팀 마이애미 돌핀스 구단의 쿼터백 출신으로 암웨이에서 새로운 성공의 돌파구를 발견한 인물.

- **에드와 이본 존슨 부부**: 80년대에 거의 전 재산을 잃었지만 암웨이를 기반으로 다시 일어선 텍사스 출신의 부부.

- **나카지마 가오루**: 일본에서 8년간 샐러리맨으로 일하다 암웨이를 만나 자기사업을 시작한 인물.

- **고눌 아크만**: 다운라인 암웨이 사업자가 늘어나 암웨이 붐을 일으킨 터키 출신의 주부.

- **로즈마리와 오토 스타이너-랑**: 암웨이를 파트타임으로 시작해 풀타임으로 전환한 뒤 원하던 재정적 독립을 성취한 부부.

수백만 명의
희망과 열망을 대변하는 암웨이

암웨이는 기업구조, 이사회, 주주의 막강한 영향력에 따라 성공
이 여러 가지로 제약을 받는 기업과 상반된 특징을 보인다. 암웨이
의 성공은 전 세계 수백만 사업자들의 희망과 열망을 대변하기 때문
이다. 그런 의미에서 이 책은 개별 사업자들의 성공에 대한 확고한
믿음을 기반으로 한다.

먼저 《암웨이 스토리》는 단순히 기업 역사를 담기보다 기업의
생애를 전기(傳記) 형태로 기술했다. 구체적으로 말해 다른 도서와
달리 암웨이의 신념, 목표, 믿음, 윤리, 가치관 등 독자에게 최대한
영감과 동기를 부여하는 내용으로 엮었다. 즉, 사건·일자·경영을
주요 내용으로 다루는 기업 역사서와 차원이 다른 이 책은 기업의
정신과 신념을 파고드는 데 의의를 두고 있다.

나는 전문성, 윤리성, 감성 차원에서 충분히 자격을 갖춘 저자로 암웨이 이야기를 완전히 이성적 관점에서 객관적이고 의미 있는 방식으로 기술했다. 20여 년에 걸쳐 암웨이 회사와 여러 암웨이 사업자를 알고 지내왔다는 것도 내 강점이다. 이전에 나는 암웨이의 공식 역사를 다룬 책《풍요로운 삶을 향한 집념: 놀라운 암웨이 스토리(Commitment to Excellence: The Remarkable Amway Story)》를 공동 집필했다(가깝게 지낸 고 테드 벤저민[Ted Benjamin]이 편집과 관련해 조언을 해주어 1986년 벤저민 컴퍼니[Benjamin Company] 출판사에서 출간했다).

이 책을 위해 나는 80년대 초부터 여러 해에 걸쳐 자료를 수집했고 수십 명의 암웨이 사업자와 인터뷰를 했다. 그뿐 아니라 영광스럽게도 암웨이 창업자 리치 디보스(Rich DeVos)와 제이 밴 앤델(Jay Van Andel)을 만나 수 시간에 걸쳐 인터뷰를 하며 의미 깊은 시간을 보냈다. 마케팅의 선구자이기도 한 두 창업자는 윤리, 목표설정, 성취, 노력이 안겨주는 보람에 관한 뚜렷한 신념과 철학으로 내게 커다란 영감과 감흥을 주었다. 나아가 나는 두 창업자가 기고한 기사와 직접 쓴 도서를 모두 정독했다.

이후 나는 오랫동안 취합해온 인터뷰, 토론, 도서 자료를 기반으로 확고한 신념 아래 성공을 향해 질주하는 모든 독자에게 동기를 부여하고 영감을 주는 책을 쓰기로 마음먹었다. 이 책의 집필 과정에서 리치 디보스와 제이 밴 앤델은 고맙게도 자신들의 말을 인용하는 것과 그들을 성공으로 이끈 사고방식 및 인생관을 공유하도록 허락하며 격려와 응원을 아끼지 않았다.

1995년 버클리 북스(Berkley Books)가 출간해 높은 판매량을 기록한 내 책 《성공을 위한 선택(Choices with Clout: How to Make Things Happen by Making the Right Decisions Every Day of Your Life)》은 여덟 개 언어로 번역·출간되었다.

그 책의 서문에서 나는 이렇게 썼다.

"이 책은 인간관계, 삶, 일에 관한 철학이 수많은 사람이 스스로 세운 목표를 달성하도록 힘을 실어주는 이유와 배경을 알아보는 데 집중하고 있다. 성공 원칙은 지적인 이론보다 수년에 걸친 인고의 노력, 시행착오, 스스로 설정한 목표를 달성하려는 의지를 토대로 한다. 물론 누군가는 그들을 성공으로 이끈 모든 개념에 동의하지 않을 수도 있다. 그렇지만 두 창업자 리치 디보스와 제이 밴 앤델의 성공이 그들의 가족과 친구들, 전 세계 수백만 사업자에게 모든 면에서 풍요로워진 부·만족·행복·보상을 안겨준 것은 분명한 사실이다."

《암웨이 스토리》도 오늘날 암웨이가 전 세계 수백만 명에게 보다 큰 보상을 안겨주기까지 어떤 동기와 영감이 작용했는지 그 통찰을 보여주고 있다.

- 윌버 크로스

c o n t e n t s

Amway
Story

제 **01** 장

글로벌 전략

- 암웨이로 삶의 자유를 찾은 사람들
- 작은 씨앗이 큰 과수원이 되기까지

제1장

글로벌 전략

1965년 미국의 조지 롬니 미시간 주지사는 유럽시장에서 미시간주의 사업기회를 확장하려는 '유럽전선(Operation Europe)' 전략에 착수했다. 그 이전까지만 해도 우리는 암웨이의 해외 영업을 진지하게 고려하지 않았으나 유럽전선 전략이 본격적으로 펼쳐지자 우리가 고수해온 직접판매 전략을 전 세계 시장에 적용할 수 있으리라고 판단했다. 이에 따라 해외시장을 개척하기 위해 몇 차례나 여러 나라를 탐방하며 본격적으로 해외 사업에 물꼬를 트기 시작했다. 먼저 중산층이 탄탄해 어느 정도 제품 구매력을 갖춘 나라를 물색했다. 세율이 높지 않고 정치가 안정적이어야 한다는 조건도 고려했다. 그 결과 호주에서 첫 단추를 끼운 뒤 영국으로 나아갔다.

암웨이의 글로벌 전략을 바탕으로 리치 디보스와 나는 부를 창출하는 미국식 원칙을 다른 나라에 전파했다. 얼마 지나지 않아 암웨이는 미국뿐 아니라 해외 진출국에 경제적으로 긍정적인 파급 효과를 낳으면서 다국적기업으로 거듭났다. 본래 국제무역은 각 국가가 가장 잘하는 전문 분야의 혜택을 전 세계 소비자들과 공유할 장을 마련해 준다. 미국의 유명한 정치가 벤저민 프랭클린은 무역으로 쇠락한 나라는 없다고 말했다. 반대로 무역 활동이 충분치 않아 쇠락한 국가는 더러 있다.

글로벌 기업은 어느 지역에서 사업을 하든 경제적 자유의 홍보대사나 다름없다. 미국 기업들이 다른 국가의 소비자에게 미국식 자본주의의 혜택을 전파할 때, 제품과 함께 자유라는 가치도 자연스럽게 퍼져간다. 가령 자유국가 소비재의 품질을 접해본 독재정권 국민은 경제적 자유의 가치에 매료될 수밖에 없다. 이를 고려한 리치 디보스와 나는 진출국을 모색하면서 민간 기업에 가장 친화적인 기업 환경을 확보한 나라를 우선적으로 검토했다.

- 제이 밴 앤델, 《영원한 자유기업인(An Enterprising Life)》, 1998.

암웨이 창립과 성장 스토리에서 눈여겨볼 만한 사실 중 하나는 자유기업제도 아래 제이 밴 앤델이 말하는 '더불어 사는 자본주의'가 번성하지 않은 나라는 없다는 점이다. 리치 디보스는 이렇게 말했다.

"구소련 국가들은 기회가 주어지면 더불어 사는 자본주의 개념이 진정 효과를 발휘한다는 사실을 잘 보여준다. 그들은 시장경제 아래 자유롭게 경쟁하고 새로운 해결 방법을 시도하면서 제약 없이 무역 활동을 하길 바란다. 또한 스스로 직업을 선택하길 원하는데 여기에는 자기사업을 하는 것도 포함된다. 그들은 피폐한 경제 상황과 지켜지지 않는 공약에 진절머리를 내는 한편 미국인이 당연시하는 것, 미국인이 갖고 있는 것을 누리고 싶어 한다."

그의 말처럼 베를린 장벽이 무너졌을 때 동독인은 대거 서독으로 이주했고 서독의 암웨이 사업자들이 그들에게 제공하는 자기사업 기회, 가난에서 벗어날 기회에 쾌재를 불렀다. 놀라운 사실은 이 같은 스토리가 전 세계에서 반복되고 있다는 점이다. 그러면 일본의 톱 리더 나카지마 가오루를 비롯해 전 세계에서 활동하는 몇몇 사업자의 경험담을 들어보자.

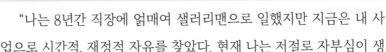

암웨이로 삶의 자유를 찾은 사람들

나카지마 가오루

"나는 8년간 직장에 얽매여 샐러리맨으로 일했지만 지금은 내 사업으로 시간적, 재정적 자유를 찾았다. 현재 나는 저절로 자부심이 생기는 제품을 통해 자기사업을 할 수 있는 기회를 전달하고 있다. 또한 해외에 있는 많은 사람이 자기사업을 하도록 지원하고 있다. 보다 풍요로운 삶을 누리는 이들이 늘어가는 것을 보면 벅찬 뿌듯함이 밀려온다."

세브기 코랍치

"호주에서 유년 시절을 보낸 나는 족병학 전문의로 활동하던 중 1986년 호주로 건너온 오밋을 만나 결혼했다. 수산시장에서 일하던 남편은 이후 직물산업과 유통업으로 이직했고 우리 부부는 1989년 처음 암웨이를 만났다. 하지만 남편이 부정적이라 사업 활동을 하지 않다가 1993년 어느 게스트 연사의 강연에 감동을 받으면서 적극 참여하기 시작했다. 내가 둘째아이를 임신하고 있을 때 남편은 사업 확장을 위해 홀로 터키에 가서 열심히 일했고 지금 나는 남편과 함께 터키에서 사업을 하고 있다."

로즈마리와 오토 스타이너-랑 부부

"암웨이 사업을 시작할 무렵, 우리 부부의 목표는 소박했고 본업인 건설회사 운영에 매진하면서 암웨이는 부업으로 진행했다. 그러다가 암웨이의 가능성을 알아챈 우리 부부는 본업을 접고 암웨이에만 집중해 그토록 바라던 재정적 독립을 달성했다. 누구나 마음만 먹으면 할 수 있는 이 사업은 오늘날 실업난을 해소할 하나의 방법으로 부상하고 있다. 완벽한 자기사업 기회를 제공하는 암웨이는 개인의 역량을 스스로 파악하고 끌어올려 적극 일하게 함으로써 실업급여 지급 같은 공적인 사회제도의 부담도 덜어준다."

엘리자베스와 패트릭 반 겔더른 부부

"1981년 우리 부부는 약 100만 원의 추가소득을 올리기 위해 암웨이 사업을 시작했다. 그렇지만 1년 뒤 암웨이 수입은 우리 부부의 주요 소득원으로 자리를 잡았다. 1989년부터 우리는 아들을 포함해 가족기업 차원에서 암웨이 사업을 하고 있으며 우리 그룹은 미국, 아시아, 유럽에 다수의 사업 파트너를 두고 있다. 물론 우리는 다른 가족에게도 미래의 성공을 위해 암웨이 사업을 적극 권하고 있으며 그들이 만족스러운 결과를 얻도록 도와주면서 뿌듯함을 느끼고 있다."

우 단린

"광저우에 있는 한 대학에서 평생 행정직원으로 일하다 퇴직한 나는 주로 신문을 읽거나 마작을 하며 시간을 보냈다. 중국에서 은퇴한 남성은 보통 마작을 하며 시간을 보낸다. 내가 암웨이 사업을 처음 시작할 때 가족은 힘들 거라며 말렸지만 오히려 내가 낙관적으로 변해 건강하게 생활하자 지금은 아이들도 나를 따라 암웨이 사업을 하고 있다."

샤오 펑춘

"광둥성의 외딴 마을에서 불우한 유년 시절을 보낸 나는 수줍음이 많고 내성적이었다. 그러나 열심히 공부해 마을에서 최초로 대학을 졸업한 뒤 나는 광저우에서 약사로 일했다. 일에서 별다른 스트레스를 받지 않았지만 어느 순간 여가시간에 TV를 보거나 마작을 하는 생활에 뭔가 아쉬운 느낌이 들기 시작했다. 그때 암웨이를 소개받았는데 특히 본업에 영향을 주지 않고 부업으로 추가소득을 올릴 수 있다는 점이 매력으로 다가왔다. 결국 나는 여가시간을 암웨이에 투자해 금전적 혜택뿐 아니라 성격까지 개방적이고 이타적으로 변하는 이점을 누리고 있다."

고눌 아크만

"사위와 함께 호주로 이민을 가 엔지니어로서 성공적으로 경력을 쌓은 딸이 어느 날 새로운 기회를 찾고 싶다고 했다. 그러던 중 암웨이가 터키에 진출하자 딸은 모국인 터키에서 자기사업의 꿈을 펼치고 싶어 했다. 결국 나와 함께 터키에서 암웨이 사업을 시작한 딸은 터키에 가끔씩 오다가 풀타임으로 전환해 사업을 꾸준히 키워갔다. 나는 나를 '고눌 이모'라고 부르는 그룹의 사업 파트너뿐 아니라 나 자신을 위해 목표를 세웠다."

배리 치와 홀리 첸 부부

"1992년 대만 최초로 크라운 앰배서더 핀을 달성한 나는 1982년 대만암웨이가 설립되던 해에 사업을 시작했다. 유년 시절에 우리 집은 극빈층에 속했고 나는 국가의 재정적 지원을 받으며 대학에 다녔다. 간신히 대학을 졸업한 뒤 나는 초등학교 교사로 일했고 남편은 회사원이었는데, 다행히 암웨이를 만나 재정적으로 독립하는 것을 넘어 고향에 정기적으로 기부하면서 사람들에게 도움을 주겠다던 약속을 지키고 있다."

알시몬과 마리-샨텔 콜라스 부부

"아이티에서 나는 엔지니어, 아내는 전기회사 소속의 경제전문가로 활동해 먹고사는 데는 그다지 문제가 없었다. 그래서 직장 동료에게 암웨이를 소개받았을 때 처음에는 상당히 회의적이었다. 다행히 내게는 꿈이 있었고 내 상황과 꿈 사이에서 고민한 결과 이보다 더 좋은 기회는 없을 거라는 결론을 내렸다. 1993년 팔로업 미팅에서 이 기회를 잡기로 마음먹은 나는 1995년에 루비와 펄을, 1996년에는 에메랄드를 달성한 뒤 곧바로 다이아몬드에 입성했다. 다이아몬드 핀에 도달한다는 것은 그만큼 더 많은 책임이 따른다는 것을 의미한다. 많은 사람이 우리와 함께하며 우리를 바라보고 있기 때문이다. 우리는 앞으로도 계속 꿈을 놓치지 않고 목표를 향해 꾸준히 나아갈 것이다."

클레멘시아 레스트레포와 루이스 페르나르도 샘퍼 부부

"다른 사람들이 성공할 때 열광적으로 박수를 보내며 축하해주는 이들은 누구인가? 다른 사람들의 사업이 성장하도록 지원하는 이들은 누구인가? 늘 미소를 지으며 행복해 보이는 이들은 누구인가? 그들은 바로 암웨이 사업을 하는 사람들이다. 많은 사람이 각박하게 살아가는 오늘날 이처럼 독특한 현상을 경험한다는 점에서 사람들은 암웨이에 열광한다. 우리 부부는 암웨이 사업을 시작한 지 얼마 지나지 않아 꿈을 되찾았고 삶의 패턴이 바뀌었다. 여기에다 사람들을 도와주면서 삶을 대하는 방식과 우선순위까지 변화했다."

모니카와 에르네스토 로메로 부부

"우리 부부는 국내 유수의 대학에서 교무과 직원으로 일했지만 수입이 재정적으로 독립하기에 부족했고, 별로 비전도 없었다. 지금은 구태의연한 이론이 참신한 이론으로 대체되고 여러 부문에서 새로운 변화가 일어나고 있다. 궁핍하진 않았지만 늘 무언가가 부족하고 갑갑하던 우리의 삶에 암웨이가 새로운 바람을 일으키고 있다."

니루퍼와 메리히 볼룩바시 부부

"늦은 시간까지 직장생활에 얽매여야 했던 우리 부부는 그 상태로는 아이를 정상적으로 양육하는 게 불가능하다는 사실을 알고 있었다. 내 사업을 하면 정상적인 양육이 가능할 거라는 생각은 했지만 어떤 사업이든 상당한 초기자금이 필요하고 또 위험이 따른다는 점 때문에 선뜻 뛰어들지 못했다. 그러던 중 가족모임에서 암웨이 사업을 소개받았고 위험 요소가 거의 없으면서도 가족을 돌볼 시간적 여유까지 있다는 것을 알고 내가 찾던 기회라고 생각했다. 특히 우리는 부부가 함께 일할 수 있다는 것에 감사하며 사업을 국제적으로 확장하기 위해 노력하고 있다."

◆ ◆ ◆

암웨이의 성공담은 그야말로 다국적으로 나타나고 있다. 오늘날 암웨이 사업자가 존재하지 않는 국가는 거의 없다. 남미의 안데스 산맥, 중남미의 정글로 뒤덮인 해안가, 기온이 가장 높은 적도 국가, 태평양의 외딴 섬나라, 아마존의 열대우림, 중국의 외딴 내륙지방, 눈 덮인 알프스 산맥 정도를 제외하면 암웨이는 어디에나 거의 다 진출해 있다.

제임스 로빈슨(James W. Robinson)은 자신의 책《자유의 제국: 암웨이 스토리(Empire of Freedom: The Amway Story)》에서 이렇게 얘기하고 있다.

"국가 경제가 석유 수출에 의존하는 국가도 있고 자동차, 다이아몬드, 식품 등의 수출에 의존하는 국가도 있다. 하지만 미국의 가장 소중한 수출품은 공산품도, 천연자원도 아닌 '참신한 아이디어'다.

그 밑바탕에는 누구나 별다른 제약 없이 자기사업을 할 수 있게 만든 시스템이 있다. '아메리칸 웨이(American Way)'를 바탕으로 성장해온 기업이 수십 년 동안 '양키 고 홈(Yankee Go Home)'을 외치던 국가에서도 사랑받는 것을 두고 아이러니한 일이라고 생각하는 분석가들도 있다."

미국 상공회의소의 전직 회장 리처드 레셔(Richard L. Lesher)는 암웨이 역사를 '미국에서 극적인 가업 성공 스토리 중 하나'로 표현했다.

"암웨이는 자유기업 개념을 주장하며 전 세계적으로 그 영향력을 펼치고 있다. 일단 문이 열리면 암웨이는 어느 곳에서든 질주하는 선봉자다. 암웨이 사업이 자신의 생활수준을 끌어올릴 가장 빠른 기회를 제공한다고 생각하는 전 세계의 수많은 사람들이 암웨이와 함께하려 한다. 사실 낮은 투자비로 자기사업을 시작해 꿈을 실현한다는 암웨이의 성공 원칙은 누구에게나 매력적으로 보인다."

또한 레셔는 자신의 책 《중산층 붕괴(Meltdown on Main Street)》에서 미국의 중기업들이 직면한 문제점과 해결책을 다음과 같이 기술했다.

"소기업 혁명은 앞으로도 계속 이어져 미래의 미국 경제와 정치에 막대한 영향을 미칠 것이다. 그 혁명의 선봉에 암웨이가 있다."

작은 씨앗이 큰 과수원이 되기까지

암웨이 역사에는 우리가 눈여겨볼 만한 몇 가지 두드러진 공통점이 있다.

먼저 파트타임 개념으로 집에서 사업을 시작한 다수의 사업자가 어느 순간 사업 규모를 막대하게 키웠다. 또한 상당수의 사업자가 본국에서만 하던 사업을 국제적으로 확장하는 데 성공했다.

그중 가장 극적인 사례는 페기와 빌 브릿(Peggy and Bill Britt) 부부의 이야기다.

30년 전 암웨이에 뛰어든 이들은 노스캐롤라이나에서 사업을 크게 키운 뒤, 크라운 앰배서더를 달성하고 다른 지역으로 사업을 확장했다. 이후 사업을 국제적으로 확장한 브릿 월드와이드(Britt Worldwide) 그룹은 오늘날 5대륙 40여 개국에 진출한 글로벌 기업으로 거듭났다.

이들이 진출한 대표적인 국가는 폴란드다. 1992년 11월 문을 연 폴란드암웨이는 폭발적으로 성장했고 5년 만에 유럽에서 세 번째로 큰 시장으로 우뚝 섰다. 브릿 부부의 사업 대상국 중에서 폴란드는 규모가 가장 컸다. 이곳에서 브릿 월드와이드 그룹은 정기적으로 행사를 개최했는데 이미 90년대 말에 폴란드의 바르샤바, 크라쿠프, 포즈난 등 50개 도시에서 매월 200건의 오픈 미팅을 비롯해 지역 세미나와 랠리를 월 2회 열었다.

1997년 8월에는 본부를 케이프타운에, 물류센터를 요하네스버그에 둔 남아프리카공화국암웨이가 문을 열었다. 본래 남아프리카공화국은 직접판매 방식의 역사가 길고 오랫동안 반응도 좋았지만, 암웨이 사업은 개별 주민에게 자기사업을 할 기회를 제공했다는 점에서 또 다른 차원의 '혁신적인' 방법으로 받아들여졌다. 당시 암웨이는 '종교, 정치적 견해, 학벌과 상관없이 암웨이가 모든 남아공 국민에게 사업기회를 제공한다'는 점을 확실히 알렸다.

두 창업자의 집 지하실에서 탄생한 암웨이는 어떻게 성장과 번영의 차원뿐 아니라 사업, 직업, 기회의 전반적인 개념에 혁명을 일으키며 성공가도를 걸을 수 있었을까? 이제부터 그 내용을 파헤쳐 보도록 하자.

좁은 문으로 바라보면
참으로 좁게 보이는 세상.
이기심으로 바라보면
참으로 이기적인 세상.
하지만 다정한 대인배의 마음으로 바라보면
그 안에서 보석 같은 사람들을 발견할 수 있네.

- 호러스 러틀리지(Horace Rutledge)

Amway Story

제2장

자율성의 원칙

때는 1959년이었다.

세계사를 보면 그해에 피델 카스트로는 쿠바의 독재자 풀헨시오 바티스타를 축출하고 쿠바의 국가평의회 의장에 올랐다. 미국은 그해에 온타리오호에서 캐나다와 미국 동부 도시들을 경유해 대서양으로 흘러가는 세인트로렌스강과 오대호 수로를 해상교통에 개방했다. 또한 미시간 대학이 미국 가구의 10퍼센트가 빈곤층이고 20퍼센트가 극빈곤층이라는 통계를 발표했다. 상업적으로 크고 작은 열매를 풍성하게 얻은 그해에는 컴퓨터 마이크로칩부터 최초의 트랜지스터 TV와 바비 인형이 등장하기도 했다.

다른 한편으로 대서특필감이 아니라서 특별히 대중의 관심을 받지 못한 사건도 있었다. 비록 미미한 출발이었지만 기존에 전혀 꿈꾸지 않던 방식, 꿈을 이룬 당사자들조차 상상하지 못한 방식으로 수백만 명의 인생과 생활방식을 새로 다지거나 개선한 사건은 바로 '암웨이의 탄생'이었다.

50년대 전반 내내 두 명의 청년 창업가, 즉 제이 밴 앤델과 리치 디보스는 독립적인 사업자로 구성된 네트워크를 구축했다. 둘은 오랜 친구이자 동업자로 캘리포니아의 영양제 판매업체 뉴트리라이트사의 식품보조제 뉴트리라이트를 성공적으로 마케팅하며 기량을 발휘하고 있었다. 뉴트리라이트는 특별 재배한 알팔파, 크레송(물냉이), 파슬리에 효모와 미네랄 및 비타민을 가미해 농축한 종합비타민·멀티미네랄 식품보조제다.

뉴트리라이트사의 소유주 칼 렌보그(Carl Rehnborg)가 개발한 뉴트리라이트는 당시 새로운 방식으로 판매했는데, 두 청년 창업가는 중앙 집중형이 아닌 그 분산형 조직구조의 매력에 흠뻑 빠져들었다. 전통적인 마케팅 방식인 중앙 집중형에서는 직원들에게 주어지는 보상이 극히 제한적이었고 개별 직원의 창의성과 혁신에도 제약을 가했다.

반면 뉴트리라이트는 각각의 사업자가 회사의 지원을 받으며 사업자로 활동하면서 유통과 판촉을 담당했다. 회사는 연구와 생산 등 일부 중앙 집중형 역할만 담당했고 유통과 판촉은 자율적으로 활동하는 사업자에게 넘긴 것이다.

창업 첫해인 1950년 디보스와 밴 앤델의 판매조직은 8만 2,000 달러의 매출을 올렸고, 그다음 해에는 그 네 배가 넘는 매출을 달성했다. 1954년 미시간 주 남부 전역으로 뻗어간 제리(Ja-Ri) 판매망(제이 밴 앤델과 리치 디보스의 앞 글자를 따서 지은 이름)은 이후 오하이오 주와 일리노이 주로 확대되었다.

그런데 50년대 중반부터 뉴트리라이트의 매출이 하락하기 시작했다. 정부가 영양식품의 기능 표시 규제를 급격히 강화했기 때문이다.

1958년 식품보조제 제조업체 뉴트리라이트 프로덕츠(Nutrilite Products)와 뉴트리라이트의 전국 유통업체 미팅거 앤 캐슬베리 (Mytinger and Castleberry)는 사업 방향을 두고 서로 의견이 충돌했다. 매출액 회복을 위해 다양한 방법을 모색하던 뉴트리라이트가 화장품 생산을 고려하자 미팅거 앤 캐슬베리가 여기에 강하게 반대 입장을 표명한 것이다. 뉴트리라이트의 성공은 제품의 전문성과 전망을 확신하는 사업자의 역량에 달렸는데 제품 계열을 몇 가지로 확대하면 그만큼 열정이 식어버린다는 이유에서였다.

치열한 각축전을 벌인 끝에 뉴트리라이트는 에디스 렌보그(Edith Rehnborg) 화장품 라인을 출시했고, 미팅거 앤 캐슬베리를 우회해 직접 사업자들에게 제품 판매를 맡겼다. 그러자 미팅거 앤 캐슬베리도 자사 브랜드를 내건 화장품을 생산해 사업자들에게 판촉을 맡겼다. 결국 뉴트리라이트 프로덕츠는 미팅거 앤 캐슬베리와의 사업적 관계를 중단하기로 결정했고, 제리를 통해 높은 매출을 달성하고 있던 제이 밴 앤델에게 신규 유통망의 총괄책임자를 맡아달라고 제안했다.

제이 밴 앤델은 당시의 심정을 이렇게 회고했다.

"그때 과분한 찬사를 받고 신중히 고려해보겠다고 약속했으나 사실 나는 다른 사람을 위해 일하고 싶은 마음이 없었다. 나는 내 사업을 하고 싶었다."

신생기업 탄생

뉴트리라이트의 제안을 받고 심사숙고한 디보스와 밴 앤델은 이런 결론을 내렸다.

'뉴트리라이트 같이 탄탄한 기업이 전국 판매망 관리, 유통, 마케팅 총괄을 제안할 만큼 우리를 신뢰한다면 남 밑에 들어가는 것이 아니라 차라리 제리팀이 그 일을 직접 하는 것이 낫다. 우리는 하나가 아닌 둘이므로 더 잘할 수 있다.'

1959년의 어느 봄날, 밴 앤델과 디보스 그리고 제리의 사업자 일곱 명이 미시간 주 북부에 있는 작은 도시 샬러보이에 모였다. 그들을 비롯해 다른 수천 명의 사업자 전체 혹은 일부의 생계가 달린 사업의 미래를 논의해야 했기 때문이다.

판매 계획을 긍정적으로 평가한 이들은 모두 매출액 향상을 위해 새로운 제품군을 보완해야 한다는 데 동의했다. 샬러보이 미팅 참석자이자 훗날 암웨이 크라운 앰배서더가 된 제레 도트는 "그 사업이 정말 마음에 들었다. 앞으로 훨씬 더 성장하리라는 느낌이 왔다"라고 회상했다.

그러면 제이 밴 앤델의 얘기를 들어보자.

"판매팀을 구성할 때 전문적인 역량을 갖춘 사람만 영입하면 세일즈가 무한대로 뻗어가는 데 제약이 따른다. 무엇보다 우리는 누구에게나 친숙한 것으로 누구라도 팔 수 있는 제품을 추구했다. 구체적으로 두 가지 조건에 부합하는 제품을 원했다. 첫째, 판촉 활동에 사용하는 단어를 정부가 엄격히 규제하지 않는 제품. 둘째, 굳이 고객을 설득하지 않아도 일상생활에 꼭 필요한 제품. 그때 내 머릿속에 떠오른 제품은 세탁용품과 청소용품이었다."

샬러보이 미팅에서 이들이 분명히 짚고 넘어간 것은 성공하려면 사업자가 제품을 진심으로 확신해야 한다는 점이었다. 훗날 디보스는 다음과 같이 회상했다.

"우리의 사업자들은 제품을 강하게 확신했다. 그 확신은 타의 추종을 불허했고 덕분에 높은 판매고를 달성했다. 대다수 사업자에게 뉴트리라이트 제품 전달은 단순히 수입을 올린다는 개념이 아니라 삶에서 반드시 이뤄야 하는 하나의 미션이나 다름없었다. 직접 제품

을 사용해보고 효과를 확인한 그들은 제품을 전 세계에 알리고 싶어
했다."

밴 앤델은 사업자들의 그 열정을 세탁비누로 옮겨올 수 있을지
확신하기 어려웠으나 그들이 두 창업자를 확고히 믿는다는 것만큼
은 확실했다고 말했다. 샬러보이 미팅에 참석한 사업자로 나중에 크
라운 앰배서더가 된 베르니스 한센은 이렇게 말했다.

"우리는 모두 제이와 리치가 구상하는 밑그림을 확신했다. 그동
안 그들은 터무니없는 약속을 하거나 원칙에 어긋난 적이 없었고 늘
기대 이상의 노력을 보여주었기에 모두 그들을 따르려 했다."

그해 4월 23일 디트로이트의 호텔 릴랜드에서 1차 미팅을 연 이
들은 곧바로 2차 미팅을 열어 디보스, 밴 앤델 그리고 일곱 명의 사
업자로 구성된 ABO 협회를 발족했다. 신규 협회 회장은 제리의 팀
원 중 적극적인 사업자이자 동료들의 목소리를 적절히 대변해줄 월
터 배스였다.

협회는 그동안 사업자들이 줄곧 생각해온 '무엇을 전달할 것인
가?' 라는 근본적인 질문을 수없이 자문했다. 먼저 세차용품을 선별
해 간단하게 제품 테스트를 실시했다. 그리고 그해 가을에는 미시간
의 소기업들이 생산한 생분해성 액상세제를 비롯해 가구용 광택제,
오븐 세척제, 구리 수세미, 세탁세제 제품을 테스트했다.

1959년 9월 말, 디보스와 밴 앤델 그리고 협회 사업자들은 각종

제품 및 서비스(건강보험부터 판촉 인쇄물까지)를 제공하는 암웨이 세일스 코퍼레이션과 암웨이 서비스 코퍼레이션을 설립했다. 공식적으로 등록한 본사 위치는 그랜드래피즈였으나 초창기 기업 활동은 대부분 두 창립자의 고향인 미시간 주 에이다시에서 이뤄졌다. 초기 사업자 중 한 명은 이렇게 회고했다.

"낯선 도심은 익숙한 고향만큼 편안하지 않았다."

성장통 극복하기

제품군을 확대하면서 사업자가 대폭 늘어났고 회사는 처음 풀타임 직원을 모집하는 미미하지만 반드시 필요한 과정을 거쳤다. 최초의 직원은 케이 에반스로 그녀는 1959년 2월부터 사무집기와 파일함으로 가득한 밴 앤델의 집 지하실에서 파트타임으로 경리사무를 보았다. 이 장소는 두 개의 '본부' 중 하나였다(또 다른 본부는 몇백 미터 떨어진 디보스 집의 지하실이었다).

디보스 쪽 본부에는 행정업무를 담당한 파트타임 직원 밥 루커가 있었다. 낮에는 가스회사에서 일하고 퇴근 후 디보스의 '지하세계'로 온 그는 디보스 가족이 사용하는 세탁기와 건조기 선반을 포장대로 삼아 포장, 유통, 물품입고, 주문관리 일을 했다. 그는 토요일마다 밴 앤델이 작성한 제품설명서와 판매 매뉴얼 더미를 등사기로 인쇄해 선반에 올려놓았다. 훗날 루커는 이사로 승진했다.

온갖 잡동사니로 가득한 비좁은 공간이었지만 두 곳의 임시 본부는 활기차고 낙관적이었다. 한번은 물품 상자가 다 떨어져 할 수 없이 디보스가 동네 강아지 사료업체에서 급히 마련해온 상자에 세제를 담았다고 루커는 회고했다. '강아지 사료'라고 쓰인 상자를 배달받은 사업자들은 당황하기는커녕 새내기 회사만의 귀여운 실수와 성실함이 엿보인다며 박수를 보냈다.

디보스와 밴 앤델은 밤낮을 가리지 않고 분주한 나날을 보냈다. 점차 늘어가는 사업자들과 지속적으로 연락을 취하고 각종 영업지원 업무를 수행하는 한편, 중서부 전역을 찾아다니며 판촉 활동을 하느라 쉴 틈이 없었다. 케이 에반스의 얘기를 들어보자.

"처음에는 두 사람 모두 주로 외부에서 활동했다. 한 명이 낮에 랜싱이나 디트로이트에 있으면 다른 한 명이 저녁에 비행기를 타고 와 미팅에 참석하거나 중간지점에서 만나 사업을 논의했다."

신생기업이 예외 없이 겪는 여러 위기 상황에서도 이들을 하나로 묶어준 힘은 서로를 향한 '애정 어린 지원'이었다. 두 창업자 모두 50년대 초반에 결혼했는데 뉴트리라이트 사업으로 업무량이 폭주하던 시절 이들 곁에는 적극적으로 도와준 고마운 아내가 있었다. 베티 밴 앤델과 헬렌 디보스는 가정에서 아내와 엄마의 역할을 하면서도 시간을 내 미팅을 열고 사업자와 공급업체를 환대했으며 적시에 물량을 공급하도록 최대한 지원을 아끼지 않았다. 헬렌이 그 시절의 이야기를 들려주었다.

"사업자들이 스스로 정한 목표를 달성하면 그들을 특별히 저녁 식사에 초대해 거하게 대접했다. 그렇게 높은 핀을 달성한 사업자들과 어울려 즐거운 시간을 보내며 더 높은 목표로 도약하도록 힘을 실어주었다."

한번은 베티와 헬렌이 매콤한 칠리 스튜를 너무 많이 만드는 바람에 그것을 냉동실에 넣고 두 가족이 1년 동안 두고두고 먹었다고 한다.

신규 회원이 계속 증가하고 사무실 방문자와 직원도 늘어나자 공간은 더욱더 비좁아졌다. 케이 에반스는 당시 여유 공간이 전혀 없었다고 말했다.

"공간이 워낙 협소해서 옆으로 지나갈 때마다 '잠시만 비켜달라'고 했고, 책상에서 이동하려면 4~5명에게 '나 좀 나갈게'라고 말해야 했다."

판매 및 서비스 부서 공간이 턱없이 부족해지자 1959년 말 암웨이는 에이다시에서 이전에 우체국으로 사용하던 빈 건물을 임대해 창고로 개조했다. 그리고 6개월 후 밴 앤델과 디보스는 사용하지 않는 주유소를 매입해 사무실을 만들고 기본적인 배송 업무를 시행했다. 그처럼 암웨이가 가파르게 성장하던 시절에 합류한 캐롤 샌디는

1960년 10월 리치 디보스가 황급히 지하실 계단으로 내려오더니 흥분한 목소리로 "여러분! 우리 이사합니다!" 하고 외치던 순간을 생생히 기억했다.

그 말이 끝나기가 무섭게 리치는 자신이 몰던 스테이션왜건을 뒷문에 주차하더니 직원들에게 책상, 서류함, 가구, 장비를 빨리 옮기자고 독촉했다. 그렇지만 새로운 본부에 모든 업무를 이전한 것은 아니었다. 먼저 디보스 사무실의 창고 업무만 이전했고, 얼마 후 밴 앤델의 사무실에서 소형 인쇄기를 옮겨 본격적인 사무실 이전 확장에 들어갔다.

가파르게 성장한 암웨이가 공간 부족 문제만 겪은 것은 아니었다. 암웨이 창립 후 1년도 지나지 않아 제품 공급업체가 15곳으로 늘어났다. 이들은 대부분 소규모 제조업체로 적시에 배송하거나 필요로 하는 주문량을 감당하기에는 역량이 부족했다. 설상가상으로 이들은 품질관리에도 애를 먹었다. 가령 이들은 암웨이의 엄격한 기준을 지키지 못하거나 일관성이 떨어지는 포장재를 사용해 납품하는 오류를 범했다.

사업을 제대로 영위하려면 수익을 올리는 것은 물론 배송지연, 반송, 창고관리에 따른 납품상의 문제없이 제품을 꾸준히 입고하고 출고하는 것이 매우 중요하다. 제이 밴 앤델은 사업자들에게 이런 각오를 주문했다.

"암웨이는 최소한의 자본으로 최대량의 물품을 취급합니다. 따라서 단 하나의 제품에 자본을 집중하거나 치우치지 않고 공급 부족 상황이 발생하지 않도록 주의해야 합니다.'

암웨이는 늘어나는 수요에 부응하고 안정적인 유통망을 확보하기 위해 전략적으로 미시간 주, 일리노이 주, 인디애나 주, 오하이오 주에 위치한 여섯 개의 창고를 임대했다. 이 같은 여유 재고량을 확보하려면 당연히 추가 자본이 필요했다. 밴 앤델은 사업자들에게 이런 해결책을 제시했다.

"더 많이 팔면 물건을 더 많이 갖다놓을 수 있고 그러면 이윤이 증가해 재고량이 늘어도 버틸 수 있습니다."

직접 제조하는 방식

일반적으로 신생기업은 외부 지원에 의존하는 경우가 많은데, 암웨이의 여러 협력업체 중 한 곳이 수량과 품질 면에서 다른 협력업체에 비해 높은 일관성과 신뢰도를 유지했다. 그곳은 앳코 매뉴팩처링 컴퍼니(Atco Manufacturing Company)로 암웨이의 첫 번째 제품 중 하나인 액체유기세정제 'LOC'를 성실하게 수주하고 납품하는 기업이었다. 다른 협력업체들은 품질에 일관성이 떨어졌고 납품을 지연하면서 이런저런 핑계를 대기 일쑤였다.

협력업체 때문에 벌어지는 문제를 해결하는 방법은 단 하나뿐이었다. 그것은 직접 제조하는 방식이다. 두 창업자는 오랜 세월에 걸쳐 사업의 모든 부문에 적극 뛰어들었다. 그들은 판매와 마케팅은 물론 판촉물 문구 제작, 직원모집, 파일 작성, 물품 전달, 무거운 장비 나르기, 협력업체와의 가격 흥정을 해냈고 심지어 표지판 제작과 설치에도 그들의 손길이 닿았다. 당시 두 명의 유명한 제조 전문가가 이들에게 조언을 해주었다. 소기업인 앳코 매뉴팩처링 컴퍼니의 공동대표 존 E. 케네디와 유진 슬래비가 그들이다.

과연 케네디와 슬래비는 앳코의 지분 절반을 암웨이에 매각하고 에이다의 사무실로 들어갈 것인가? 슬래비는 흡수합병에 반대했지만 자신이 소유한 지분을 공동대표 케네디에게 매각하는 것에는 합의했다. 결국 케네디는 1960년 11월 암웨이에서 최초로 제조영업 부서의 총괄책임자 직책을 맡게 되었다. 그로부터 8년간 암웨이에서 일한 그는 은퇴와 동시에 지분을 모두 매각했다.

리모델링한 건물 면적은 가로세로 길이가 12미터에 불과했는데 인쇄기를 추가로 들여놓으면서 공간은 더 부족해졌다. 작은 인쇄기와 등사기 담당자는 당시 고등학생이던 윌리 버트릭이었다. 그는 개인의 의지, 헌신, 충성도만 있으면 성공적으로 사업을 할 수 있다는 것을 보여준 여러 파트타임 직원 중 한 명이었다. 또한 그는 그러한 마음자세로 이끌어가는 사업은 개인적으로 성공과 성취감을 안겨준다는 것을 보여준 모범사례이기도 했다. 수년간 두 개의 잡지 〈아마그램(Amagram)〉과 〈뉴스그램(Newsgram)〉을 비롯해 제품 설명서, 매뉴얼을 인쇄하는 업무를 맡은 버트릭은 판매부장까지 승진한 뒤 퇴사해 풀타임 암웨이 사업자로 활동했다.

초창기에 암웨이 직원으로 일한 사람들은 훗날 암웨이가 수십억 달러의 가치를 자랑하는 기업, 전 세계 모든 이들이 친숙하게 느끼는 기업이 될 줄은 감히 상상도 하지 못했다. 생산, 판매, 서비스에 몸담은 소수의 직원은 그들의 충성과 헌신이 불러올 어마어마한 결과를 예상하지 못한 것이다.

열성적인 초기 멤버들은 점차 자신의 지극한 노력과 네트워크 사업자들의 노력이 더 높은 매출로 이어진다는 사실에 놀라움을 금치 못했다. 주문이 쇄도하면서 제품 계열은 계속 늘어났고 암웨이는 사업적으로 유리한 고지에 올라섰다. 리치 디보스는 그 시절을 이렇게 회상했다.

"우리는 재고 부족 사태를 해결하고 사람들에게 적절한 연수를 실시하느라 정신이 없었다. 또 매일 해야 할 일을 완수하기도 바빠 숨 돌릴 시간조차 없었다."

업무윤리

처음부터 두 창업자는 신앙을 바탕으로 암웨이를 세웠고 그들 스스로 명백히 선언했듯 '청렴, 신뢰, 진실'의 원칙에 따라 회사를 경영했다. 실제로 두 창업자는 성공에 도달하는 과정에서 '신뢰와 믿음으로 사업을 하면 목표를 달성하고 결국 번창할 것'이라고 굳게 믿었다.

회 고 록

당시를 떠올려본다.

1959년 두 명의 젊은 창업자가 식탁 의자에 앉아 이미 성공적인 사업을 확대하기 위해 꿈을 설계하고 있었다. 몇 년 동안 둘은 각자의 집에서 식품보조제 판매 네트워크를 집요하게 구축해왔다. 그들은 주로 제품의 선택폭을 넓히면 얼마나 더 수익을 창출할 수 있을지 고민했다. 비타민과 미네랄 제품 판매에 뛰어난 능력을 보인 두 사람은 세정제나 세제 같은 일상생활용품을 판매하면 어떨지 깊이 논의했다.

네트워크 마케팅과 관련해 풍부한 상상력을 발휘한 두 창업자는 스폰서십 라인을 검토하며 이를 전 세계로 확대할 야심찬 꿈을 꾸었다. 그들의 비전에 따라 지인들이 자신의 가족과 친지에게 연락하고, 그 가족과 친지가 자신의 친구들에게 연락하고, 그 친구들이 자신의 동료들에게 연락해 메시지를 전달하는 가운데 이 성공 기회에 긍정적 영향을 받는 이들이 더 폭넓고 깊게 늘어났다.

미국 전역에서 사람들의 희망은 활력을 찾았고 개개인은 바라던 꿈을 실현했으며 국경을 초월해 번영의 새 시대가 펼쳐졌다. 그들에게 힘을 실어준 것은 양질의 여러 제품인데 그중 다수는 어마어마한 성공을 거뒀다. 히트상품이 두 개, 네 개로 늘어날 때마다 사업자들에게는 목표를 달성할 새로운 기회가 주어졌다.

-〈아마그램〉, 1994년 1월

성장 패턴

1960년 암웨이가 창고를 미시간 주의 에이다시에 위치한 이전의 마소닉 템플(Masonic Temple)로 이전했을 때 역사적인 사건이 일어났다. 암웨이가 영업을 시작한 첫해에 50만 달러의 총매출을 기록한 것이다. 그로부터 2년 동안 매출액은 매년 두 배로 늘었고 향후 몇 년에 걸쳐 도약하리라는 전망이 우세했다. 당시에 암웨이를 전혀 모르는 사람에게도 암웨이만의 역동성, 흥미진진함, 생기발랄함이 느껴질 정도였다.

두 명의 창업자가 수년에 걸쳐 고민하고 키워낸 암웨이의 뿌리는 상당히 견고했다. 역사는 역사 위에 쓰이고, 강인함은 강인함 위에서 커지며, 견고함은 견고함 위에서 배가된다는 신념은 암웨이와 역사를 같이한다.

1962년 암웨이는 최초의 해외계열사로 캐나다암웨이를 창립하면서 해외 진출 의지를 더욱 다졌다. 캐나다지부는 온타리오 주 런던 지역의 하이만 거리에 위치한 56제곱미터(약 17평)의 공간에 불과했으나, 2년 뒤 이보다 일곱 배 더 큰 사무실로 이전했다.

60년대에 눈여겨볼 만한 역사적인 일로는 1962년 최초로 루비 PT가 탄생한 것, 1965년 암웨이의 첫 번째 전용기를 구입한 것(그 후 여러 대의 전용기를 구매했다) 그리고 향후 전 세계적으로 비즈니스에 커다란 물꼬를 틀 화장품 브랜드 아티스트리를 출시한 것을 꼽을 수 있다. 1968년에는 북미와 기타 국가에서 스폰서십 라인이 더욱 확대되었고 액티브 사업자는 8만 명이 넘었다.

한데 에이다에서 일하는 직원들은 불행히도 60년대를 암울하게 마무리해야만 했다. 암웨이 공장 동쪽 건물에서 제품 공정에 사용하는 물질이 폭발하는 사고가 발생했기 때문이다. 1969년 7월 에이다 시는 훗날 '초음속 굉음'으로 묘사된 소리로 요란했고 하늘에는 불빛이 번쩍거렸다. 이때 에어로졸 부서의 지붕이 무너져 내리면서 잿더미로 변해버렸다.

다음 날 언론은 '걷잡을 수 없는 지옥 같은 불', '도시를 가득 매운 연기', '폭발하는 가스' 같은 제목으로 그날의 사건을 묘사했다. 그 사건으로 열일곱 명이 부상을 당하고 그중 두 명은 심하게 다쳤지만, 불행 중 다행으로 사망자와 장기 입원자는 없었다.

암웨이는 화재로 50만 달러 이상의 손실을 봤고 1,400평 규모의 시설이 잿더미가 되는 바람에 제품 주문량을 처리하지 못해 입은 손실도 막대했다. 경영진은 그동안 도입해온 동기부여 방식의 일환으로 다음 날 아침 6시 30분에 미팅을 열어 대책을 논의했다. 주요 의제는 새로운 협력업체 물색, 파손된 공장 재건, 임시 및 대체 인력 확보 등이었다.

암웨이는 빠른 속도로 회복했고 재건 기회를 발판으로 공장시설과 피해 지역 재건에 더 많이 투자했다. 덕분에 다시 고공 행진한 암웨이는 1973년 정점을 찍으면서 암웨이의 '자유기업센터(Center of Free Enterprise)'로 알려진 암웨이의 본사 '월드 헤드쿼터스 빌딩(World Headquarters Building)'을 개소했다. 그때부터 이곳은 암웨이 글로벌 사업체들의 허브이자 회사의 중심으로써 행정 사무실, 연구개발, 제조 및 기타 업무를 수행하는 역할을 했다.

번영의 시대, 예측 불허의 위협

초창기 시절 몇몇 평론가가 이따금 암웨이에 '피라미드 조직'이라는 꼬리표를 붙였다. 피라미드는 여러 개의 사업자 층에서 상위의 사업자만 이윤을 창출할 수 있는 치우친 투자로 많은 사람을 속이는 사기의 일종이다.

미국 거래개선협의회(Council of Better Business Bureaus)가 제작한 지침서 《투자자 주의사항: 여러 조직, 속임수, 사기로부터 돈을 보호하는 방법(Investor Alert: How to Protect Your Money from Schemes, Scams and Frauds)》은 이러한 조직을 다음과 같이 설명하고 있다.

"여러 피라미드 조직의 존재 이유는 오로지 제품 판매에 있다. 합법적인 네트워크 마케팅 사업과 달리 피라미드는 다른 사람들을 끌어들여 제품에 투자하게 하고, 투자하도록 설득당한 이들은 또 다른 이들을 끌어들여 투자하게 함으로써 빠르게 창출되는 수익에 의존한다. 막상 판매하는 제품과 서비스는 관심 밖이다. 피라미드 조직은 '행운의 편지'와 유사한데 특정 지역에서 피라미드 조직 참여자가 초기의 막대한 투자금을 회수하고자 잠재고객수가 점차 줄어드는 지역에서 신규 투자자를 영입하려 하면 곧바로 붕괴하는 특징을 보인다."

1975년 암웨이 변호사팀은 예상치 않게 미국 연방무역위원회로부터 제소장을 받았다. 연방무역위원회는 암웨이의 판매 및 마케팅 방식이 '사업자 수가 점차 늘어난다는 점에서 피라미드'라며 제소했다. 사업자는 속았을 뿐이고 그들이 암웨이 사업으로 이윤을 올릴 가능성은 매우 낮다는 이유도 덧붙였다. 암웨이의 가격 고정 정책도 또 다른 혐의로 지적했다. 여기에다 암웨이 제품을 일반 유통경로로 판매하지 못하게 해서 사업자들의 활동을 제약하고 사업자 혜택을 과장한다는 내용도 있었다.

오랜 시간 동안 막대한 비용을 들여가며 법정 공방을 벌인 끝에 법원은 암웨이의 손을 들어주었다. 이는 암웨이가 연방무역위원회의 고소인들을 완벽할 정도로 정직하게 대하고 판매나 마케팅 방식에 관해 위원회가 모르던 사실을 알려준 결과였다. 당시 혹독한 시간을 보낸 제이 밴 앤델은 이렇게 기술했다.

"우리는 결국 승리했다. 그것을 계기로 우리는 암웨이라는 기업, 나아가 미시간 주 에이다에서 우리가 펼치는 사업 활동에 대해 정기적으로 연방정부의 감사를 받는 것이 얼마나 중요한 일인지 확인했다."

소송 기간에 정부는 암웨이의 실질적인 특성, 사업 정책, 신념, 업무윤리를 감사(監查)하지 않았다. 암웨이에 '속았다'고 주장한 여러 증인이 암웨이의 사업자 미팅에 참여하거나 제품 판매에 상당한 시간과 노력을 들인 적이 없다는 사실이 드러났기 때문이다. 심지어 암웨이 사업을 그만두겠다고 결심한 몇몇 사람은 암웨이에서 받은 교육이 다른 분야에서 승진할 때 실제로 도움을 주었다고 주장했다. 이로써 암웨이는 도중에 포기한 사람마저 암웨이 미팅과 세미나에서 많은 것을 배워 과거에 비해 더 나은 직업을 얻었음을 알게 되었다.

암웨이의 입장에서 연방무역위원회의 제소 건은 시간과 노력이 많이 들어간 힘든 과정이었지만 두 가지 면에서 실익이 있었다.

첫째, 무지에서 비롯된 어설픈 편견을 정리해주었다. 훗날 이것은 경쟁을 위해서든 개인적인 불만에서든 암웨이를 피라미드로 부르며 암웨이의 판매와 마케팅 방식을 폄하하는 세력에게 정당하게 주장할 명분이 되어주었다.

둘째, 암웨이의 경영진에게 정부와 대중을 향한 기업의 마케팅 정책, 전문 기업으로서의 진정성, 현재와 미래 계획에 대해 보다 효과적이고 빈번한 소통이 필요하다는 사실을 일깨워줬다. 이를 위해 암웨이는 추가로 여러 소통 채널을 오픈했다. 특히 웹사이트 같은 기술적 창구와 글로벌 영업 창구 등으로 적극적인 소통을 꾀했다(제5장 참조).

암웨이의 기업 규모와 영업 범위를 고려할 때, 많은 유사 규모(혹은 더 작은 규모)의 기업과 달리 암웨이는 소송에 연루된 사례가 놀라울 정도로 미미했다. 어쩌다 소송이 발생해도 대개는 마케팅이나 유통 기술과 관련된 것이었다.

암웨이는 직원 고용 면에서도 높은 청렴성을 입증했다. 실제로 암웨이는 소수민족, 노인층, 시각 및 청각 장애인을 비롯한 여러 장애인을 평등하게 직원이나 사업자로 둔 모범적인 기업이다. 한마디로 암웨이 사람들은 각계각층의 다양한 인구 특성을 보인다. 오늘날 전 세계적으로 소수민족 출신, 장애인 사업자는 수십만 명에 달하며 이들의 사업은 나날이 번창하고 있다.

70년대 내내 암웨이는 호주, 영국, 서독, 말레이시아, 홍콩, 프랑스, 네덜란드, 일본으로 사업을 확장했다. 그러는 동안 암웨이의 임원진은 사업다각화와 인수합병을 회의의 주요 안건으로 다뤘다. 이는 기존 시설과 서비스를 보완 및 지원할 방법을 찾으려는 노력의 일환이었다.

가령 암웨이는 사업자 미팅과 컨벤션에 활용하고 또 목표를 달성한 사업자에게 보상으로 멋진 공간을 제공하기 위해 엔터프라이즈 II(Enterprise II)를 매입했다. 이것은 다이아몬드 클럽에 들어올 자격을 갖춘 사업자를 위한 컨퍼런스 센터인 동시에 목표를 달성한 사업자에게 제공하는 휴양지이기도 했다. 미시간 주 그랜드래피즈에 위치한 암웨이 그랜드 플라자 호텔도 세계적인 수준의 호텔로 손꼽힌다.

70년대 말 암웨이의 매출은 1970년 1억 2,500만 달러에서 7억 달러 이상으로 급성장했다. 그때는 그야말로 급물살을 타고 거세게 성장하던 시절이었다.

1982년 전 세계 많은 국가가 경제난에 허덕이면서 기업들이 긴축 정책을 펴고 아예 사업을 접은 경우도 있었지만, 암웨이는 오히려 그해에 매출을 경신했다. 전 세계적으로 사업자가 백만 명에 달했고 직원들도 수천 명에 이르렀다.

1984년 25주년을 맞이한 암웨이는 전체 제품라인을 크게 확장해 제품을 300여 가지로 늘렸다. 이 중에는 에이다에 새로 지은 1,100만 달러 규모의 공장에서 최초로 생산한 아티스트리 화장품도 있었다. 당시 한 신문은 기사에 이런 내용을 실었다.

"길이 30킬로미터에 달하는 공장은 폭발 방지 장치를 구비한 안전도 최고 수준의 시설을 갖추었다. 특히 립스틱 주물 기계는 미국에 네 대밖에 없는 것 중 하나다. 열 매립 시스템은 영하의 기온에서만 열을 사용하도록 에너지 효율성을 높여 설계했다. 원자재 입고부터 최종 패키지 단계까지 커버하는 암웨이 직원 175명은 전체 퍼스널 케어 라인의 95퍼센트를 직접 생산하고 있다."

이 시기 암웨이는 제품을 자체 생산하는 것은 물론 〈퍼스널 쇼

퍼스 카탈로그(Personal Shoppers Catalog)〉를 통해 다른 회사 상표가 붙은 제품 및 서비스도 판매하기 시작했다.

느닷없이 습격을 당한 캐나다 본사

황금기는 오래 지속되지 않았고 또 한 번의 악재가 찾아왔다. 1982년 11월 중순의 어느 추운 날, 캐나다암웨이 본사가 느닷없이 경찰의 습격을 받은 것이다. 캐나다암웨이가 미국에서 캐나다로 물품을 수입하면서 수백만 달러의 관세를 납부하지 않았다는 명목으로 캐나다 국세청이 형사상 혐의를 밝히고자 문서를 압수하기 위해서였다.

다시 한 번 법정에 선 암웨이는 캐나다 세관 당국과 사전 체결한 계약 내용에 의거해 수입한 물품에 이전가격(移轉價格, 다국적기업이 모회사와 해외 자회사 간에 원재료, 제품, 용역 등을 거래할 때 적용하는 가격 - 옮긴이)을 철저히 지불해왔음을 밝혀야 했다. 관련 문제는 사법제도 변화에 따라 판결이 뒤집힐 정도로 기술적이고 복잡한 사안이었다. 문제는 변경한 사법제도를 공개하지 않는 경우가 많고 그것이 수년에 걸쳐 세수와 세관이 부과한 제약사항에 영향을 주었다는 점이었다.

법정 공방은 수개월에 걸쳐 이뤄졌고 캐나다와 미국 암웨이 임원들은 여기에 엄청난 시간과 노력을 빼앗겼다. 마침내 1983년 여름 암웨이의 공동회장 리치와 제이는 막대한 과징금을 지불하고 미궁에 빠져버릴지도 모를 힘든 투쟁을 끝내기로 결정했다.

"아무리 성실하게 세금을 납부해도 캐나다 국세청은 어떻게든 기업을 파멸로 이끄는 방법을 알고 있다"라고 말한 캐나다 중소기업협회의 주장을 반영하듯 여러 중소기업이 암울한 보고서를 거듭 내놓는 것에 영향을 받은 것이다.

지루한 법정 공방으로 캐나다암웨이 사업자들의 에너지가 고갈될 무렵, 두 회장은 〈월스트리트 저널〉에 다음의 내용을 포함한 기업 광고를 게재했다.

> "제이 밴 앤델과 리치 디보스는 캐나다 당국에 맞선 오랜 투쟁에서 강력한 저력을 보여주었다. 그들의 결정은 명백히 암웨이의 개인 사업자들에게 최대 이익을 주려는 방향에 근거하고 있다. 그들은 소송이 이어질 경우 발생할지도 모를 분열, 마찰, 긴장을 피하자는 캐나다 국민의 일관성 있고 굳은 바람에 따르기로 했다."

암웨이의 모든 식구, 특히 사업자들은 길고 긴 암흑이 끝나고 '평소처럼 일할 수 있다'는 기대감에 안도의 한숨을 쉬었다.

80년대, 덩치를 키우던 시절

경기가 가라앉으면서 미국의 주요 일간지는 연일 암울한 헤드라인을 뽑아냈지만, 이와 대조적으로 암웨이는 전 세계에서 상승세를 이어갔다.

80년대 동안 암웨이는 벨기에, 스위스, 대만, 오스트리아, 뉴질랜드, 이탈리아, 파나마, 스페인, 태국, 과테말라에서 새로 사무실을 열었다. 참고로 한국은 1991년에 오픈했다. 다시 80년대로 돌아가면 제품라인도 스킨 케어, 화장품, 구강 케어, 헤어 케어 등으로 확장했다. 1985년 암웨이는 훗날 '암웨이 역사상 가장 성공적인 제품'으로 불린 암웨이 정수기를 출시했고, 첫해에만 20만 건 이상의 주문을 받았다. 이 외에 《아메리카나 백과사전(Encyclopedia Americana)》과 《위대한 미국 흑인들(Notable Black Americans)》 시리즈 같은 교육 서적, 미국 통신사 MCI의 신규 전화와 무선통신 서비스도 제공했다.

많은 북미 업체가 제자리걸음을 하거나 사업 부서를 철수하고 예산을 삭감하던 시절, 유독 암웨이가 이전과 마찬가지로 성장가도를 달린 비결은 무엇일까? 그 답은 간단하다. 역사적 통계는 경기가 좋지 않아 일자리가 부족해지고 물가가 뛰어올라 숱한 가정이 극심한 경제난에 허덕일 때일수록 보다 많은 사람들이 암웨이 사업자가 되고 싶어 한다는 것을 보여준다.

암웨이가 '자율성'의 원칙에 따라 스스로 성장하도록 독립 사업자로 활동할 기회를 제공해 사람들이 위기를 극복해 나갈 수 있었기 때문이다.

암웨이의 리더십은 국내외 경기침체기 동안 공공 서비스와 인류를 위한 사업에서도 빛을 발했다. 이는 암웨이가 자사 직원과 사업자들이 좋은 시민이 되도록 한다는 사명을 지키고자 노력한 덕분이다. 암웨이는 이러한 사업을 재정과 사회 부문뿐 아니라 환경 보존 및 보호와도 연계했다.

일례로 1989년 암웨이는 암웨이환경재단과 재단의 방대한 생태 분야 연구 업적을 인정받아 유엔환경계획으로부터 명예로운 환경 업적상을 수상했다.

Amway Story

제 3 장

동기부여: 사업의 심장박동

뉴햄프셔 주의 작은 마을 뉴포트의 주간지 〈아거스 챔피언(Argus Champion)〉은 '적극적인 이웃들'이라는 제목 아래 다음의 기사를 다뤘다.

"설리번 카운티의 상이용사클럽 회원 아란 퍼킨스는 클럽의 차기 회장직을 수락하며 클럽이 다음과 같이 새로운 목표를 설정했다고 밝혔다.

'123명의 회원 중 85퍼센트가 현지 기업에 취업하거나 자영업을 하도록 지원할 것입니다.'

퍼킨스는 자영업 지원과 관련해 열여덟 명의 회원이 암웨이 사업자로 활동하며 소득을 올리고 있다고 소개했다. 그들 중 세 명은 전쟁 후유증으로 신체장애가 있고 두 명은 마비환자, 한 명은 시각

장애인이며 다른 한 명은 자동차 사고로 두 팔을 잃었다.

선천성 시각장애인으로 살아온 세라 트웜블리는 약 10분 동안 청중 앞에서 자신이 1987년부터 상이용사클럽의 회원으로 활동해 왔다고 밝혔다. 또한 참전용사뿐 아니라 장애인을 회원으로 받아주는 상이용사클럽 덕분에 만족스런 구직 활동을 할 수 없는 다른 회원들과 관계를 맺으며 큰 위로를 받았다고 했다.

'저는 집에서 19킬로미터 떨어진 곳에서 좋은 일자리를 얻었지만 저를 직장에 데려다주고 데리러 오던 언니가 사망한 뒤 출퇴근하는 것이 어려워졌습니다. 그때 암웨이에서 빛을 봤지요. 저는 암웨이 사업을 시작했고 지금도 열심히 사업을 하고 있습니다.'

장애인을 위한 일자리와 관련해 더 많은 정보를 얻고 싶은 독자는 상이용사클럽이나 우체국 게시판을 활용하기 바란다."

암웨이에서 동기부여는 사업의 중심이고 신체장애가 있는 사업자들의 사업적 능력은 이들의 삶에 커다란 변화를 일으키는 인센티브로 작용한다. 실제로 이들은 일반적인 사무직에 종사하는 사람들보다 더 많은 수익을 올린다. 암웨이가 장애인에게 성공할 기회를 제공한다는 점은 이들에게 중요한 동기부여 요소다. 이러한 동기부여는 미국의 상업계에서 쉽게 찾아볼 수 없는 가치다.

장애인을 위한 라이프스타일 잡지 〈위(We)〉는 암웨이를 장애인에게 직업 기회를 제공하는 상위 10대 기업 중 하나로 꼽았다. 그 이유는 무엇일까? 〈위〉의 편집장 찰스 라일리 2세는 이렇게 기술했다.

"장애인에게 직업 기회를 제공하는 상위 10대 기업을 꼽을 때 세 가지 기준을 적용한다. 그것은 전체 직원 중 장애인 직원이 차지하는 비중, 기업의 장애인 고용과 승진 기준, 장애인을 도우려는 기업의 전반적인 의지다."

동기부여 관점에서 잘 알려진 것 중 하나가 수년에 걸쳐 개발한 암웨이 프로그램이다. 이것은 잠재사업자에게 다가가 소통하는 것을 목적으로 한다.

암웨이는 해외로 진출하기 수년 전부터 랠리 형식의 모임을 열었다. 70년대에 기업의 영업과 관련해 자주 기고문을 싣던 찰스 폴 콘(Charles Paul Conn)은 다음과 같이 적었다.

"암웨이의 랠리만큼 사람들의 엄청난 관심을 끄는 모임도 없을 것이다. 1년에 한 번씩 북미 전역의 도시에서 열리는 랠리에는 수백 명의 사람들이 참가한다. 이것은 주말 동안 열리거나 2시간 세션으로 열리기도 한다. 다양한 암웨이 랠리에는 한 가지 공통점이 있는데, 그것은 신규 참석자가 즐겁고 활기찬 분위기에 동화되거나 조금 당황하긴 해도 지루해하는 사람은 없다는 것이다."

초창기에 랠리는 사업 세미나라기보다 정치 집회에 가까웠다. 1981년 한 비즈니스 잡지는 관련 기사에서 랠리를 이렇게 묘사했다.

"행사장은 사람들이 카메라, 카세트, 플래카드를 들고 복도에 앉거나 문 앞에 바짝 서 있을 정도로 분위기가 시끌벅적하다. 행사가 절정에 이르면 군중은 노래하고 손뼉을 치면서 발을 굴러 마치 종교 집단처럼 불타오르는 분위기를 연출한다. 그리고 주요 연사들이 무대에 오르면 조명이 번쩍이고 우레 같은 함성이 울려 퍼진다."

감동과 환호의 도가니인 랠리는 암웨이의 행사를 대표적으로 보여주며 가장 많이 관심을 받는 행사이기도 하다. 찰스 폴 콘은 이렇게 적었다.

"수년에 걸쳐 '암웨이 컨벤션은 열기가 뜨거운 행사'라는 인식이 깊이 자리 잡았다. 암웨이 사업자들은 도시의 남자들이 금요일 저녁에 만나 시끌벅적 수다를 떠는 분위기보다 더 열기에 가득 차 있다."

잠재사업자를 겨냥한 랠리와 컨벤션은 암웨이 전통에 깊이 뿌리 박혀 있다. 엔터테인먼트적 요소를 겸한 그러한 행사에서는 다양한 게스트를 초청해 교육적인 내용은 물론 많은 참석자가 듣고 싶어 하는 성공담이나 공감이 가는 이야기를 들려준다. 게스트로는 성공한 사업자, 저명한 운동선수, 인기 있는 뮤지션, 방송인, 정치인 등이 있다.

암웨이 창업자들과 가깝게 지낸 제럴드 포드 대통령은 암웨이 행사에 자주 참여했고, 로널드 레이건 대통령도 1981년 대통령이 되기 전 랠리에 두어 차례 참석했다. 부시 대통령은 대통령에 당선된 후 7만 5천 명의 사업자가 참석한 조지아돔의 암웨이 행사장에서 첫 번째 공식 연설을 했다.

많은 암웨이 리더들이 설명했듯 랠리, 컨벤션, 설명회에 참석하면 엔터테인먼트적 요소나 유명한 누군가를 만나는 것에 그치는 것이 아니라 실질적인 미래 정보를 얻는다. 참석자들은 모두 독립적인 사업자이며 그들이 가장 크게 관심을 보이는 부분은 공감이 가는 다른 사업자들의 경험담이다.

동기부여의 힘

제대로 된 동기부여는 자신이 진심으로 믿는 일을 거의 다 할 수 있게 만든다. 어느 가을 미시간 대학의 축구팀 라커룸 문에 이런 쪽지가 붙어 있었다.

'마음으로 상상하고 믿는 것은 모두 달성할 수 있다.'

그해 미시간 대학 축구팀은 최고의 성과를 올렸다.

정말로 마음을 다하면 무엇이든 원하는 결과를 얻을 수 있을까? 사실 일부 사람들은 긍정적인 사고방식에 모든 해답이 있는 것처럼 과대 포장하는 경향이 있다. 충분히 오랫동안 긍정적으로 생각하면 이윤이 높고 성공적인 사업을 구축할 수 있다는 믿음이 보편적이지만, 암웨이 리더들은 전통적으로 그 믿음이 상식적이고 실용적인 울타리 안에서 작용해야 한다고 주장해왔다.

무엇보다 신념은 반드시 사실에 근거해야 한다. 예를 들어 자기 주장으로 대중을 설득하려 하는 정치인은 스스로를 에이브러햄 링컨 같은 달변가로 여길 수도 있으나 그에게 통찰력, 재능, 연민이 없으면 그의 말은 철지난 뉴스처럼 구태의연하게 들릴 것이다.

암웨이는 한 발 더 나아가 그 행동이 신념을 뒷받침해야 한다고 줄곧 주장해왔다. 유머 감각을 가미하는 것도 강점으로 작용한다. 리치 디보스는 글을 읽거나 쓸 줄은 모르지만 자신의 일을 훌륭하게 해낸 어느 고등학교 경비원의 사례를 자주 인용했다. 그는 학교 이사회에서 모든 직원에게 최저 교육수준을 적용하기로 규칙을 정했을 때 해고당했다. 하지만 그는 자신의 노하우를 살린 경비 서비스를 구축해 크게 성공했고 그를 해고한 이들보다 훨씬 더 많은 수익을 올렸다.

어느 날 그의 자금을 관리하는 은행직원이 그에게 말했다.

"고객님이 읽고 쓸 줄 알면 더 큰 일을 해내지 않았을까요?"

그는 조용히 미소를 지으며 대꾸했다.

"내가 읽고 쓸 줄 알았다면 아직까지 고등학교 경비원으로 일하고 있겠지요."

신념은 스스로 정한 목표를 달성하겠다는 확고한 의지가 뒷받침될 때 성공으로 이어진다. 신념만 있다고 혹은 실천만 한다고 성공할 수 있는 게 아니다. 어리석은 통념을 완전히 믿으면 오히려 어리석음만 더 늘어날 뿐이다. 마찬가지로 목적이 없는 행동은 그저 시간만 낭비하는 행동에 불과하다. 무한한 성공은 불굴의 의지를 바탕으로 확고한 신념을 추구할 때 찾아온다.

동기부여로 얻는 가치

암웨이의 어느 리더는 이렇게 말했다.

"암웨이 세미나와 설명회에 참석하는 사람들은 목표가 최소한 자신과 같거나 좀 더 높으면서 같은 방향으로 나아가는 이들을 찾는다. 우리는 신규 사업자에게 자신의 친구와 동료들의 현 위치를 평가하라고 권한다. 열심히 노력하기보다 핑계거리를 찾아다니며 허송세월하는 부류는 보다 높은 목표를 향해 달려가는 당신을 비웃거나 불쾌하게 여길 수 있다. 시간을 생산적으로 사용하는 친구와 동료의 경우, 당신이 그들과 같은 자세로 살거나 그들보다 우월하게 살아가는 탓에 당신은 그들의 리그에서 소외될 수도 있다."

고등학교를 중퇴한 아서 포레스트는 저임금을 받고 단순한 일을 하는 일자리를 소개받았다가 거절한 뒤, 소액의 자금을 빌려 사업을 시작했다. 수년 후 성공적인 제조업체를 소유한 그는 고등학교 3학년 학생들을 대상으로 한 연설에서 다음과 같이 말했다.

"성공은 성공을 원하는 사람의 것이다. 실패자의 삶을 살지 않는 한 실패한 인생은 없다. 돈은 부족할 수 있으나 현금화할 수 있는

'아이디어'가 있으면 결코 가난뱅이가 아니다. 건강, 행복, 번영은 인간이 태어나면서부터 부여받은 권리이므로 반드시 그것을 찾아야 한다. 단, 여기에는 긍정적 사고와 행동이 필요하다."

'난 할 수 있다(I Can)' 정신: 가장 도전적인 동기부여

암웨이 철학에서는 무언가를 달성하려면 교육·현명함·타고난 능력을 넘어 건설적인 동기부여로 성공을 갈망해야 한다고 주장한다. 예를 들어 동기부여를 받아 앞으로 나아가지만 직장을 수차례 옮겨 다니는 사람들을 살펴보라. 그들은 대개 경력이라고 이름을 붙이기엔 같은 업무에 종사한 시간이 너무 짧다.

암웨이에서도 전도유망해 보이는 사업자 중 상당수가 이 부류에 속한다. 암웨이 사업자 중에서 절반 정도는 1년을 다 채우지 못하고 중도 포기한다. 물론 암웨이는 다른 네트워크 마케팅 회사에 비해 탈퇴율이 낮고 중도 포기자 전체를 '일자리를 자주 바꾸는 사람'으로 단정할 수도 없다. 어쨌거나 그들 중 다수에게는 성공자가 공통적으로 지닌 불굴의 도전정신이 없다. 즉, 그들은 강력한 동기부여를 받지 못했다.

생산성을 높이려면 시간을 효과적으로 사용하는 사람과 함께해야 한다. 이런 사람은 어떠한 상황에서도 '나는 할 수 있다!'를 외치며 긍정적으로 임한다. 적시에 적합한 장소에서 적합한 판단을 내릴 경우 우리는 자신이 원하는 생활방식이라는 보상을 얻는다.

리치 디보스가 수차례 언급했듯 목표가 낮으면 아무것도 손에 쥐지 못한다. 세상에서 가장 강한 것은 스스로를 믿고 수차례에 걸쳐 높은 목표에 도전하는 사람들의 투지다. 미국의 시인 헨리 데이비드 소로는 "인간은 자신이 목표로 한 만큼 도달한다. 따라서 당장은 실패하더라도 높은 목표를 세워야 한다"라고 했다.

디보스는 '난 할 수 있다'는 가장 커다란 힘을 발휘하는 문장이라고 거듭 강조했다. '난 할 수 있다'라고 되뇌는 사람은 기적도 만들어낸다. 할 수 있다고 믿는 것은 결국 해낸다는 의미다. 사실 달성하려는 욕망과 실제 달성할 수 있는 수준 사이의 격차는 매우 작다. 그러니 우선 달성할 수 있다고 믿어야 한다. 목표의 속성은 그리 중요치 않다. 인생에서 자기 확신과 그것을 정당화하려는 노력이 합쳐진 형태보다 더 중요한 것은 없다. 자신의 일, 사업, 운동, 예술, 교육, 정치, 결혼 등 인생의 모든 측면은 이러한 공통분모가 좌우한다.

일단 시도하기 전에는 자신이 무엇을 달성할 수 있는지 누구도 알지 못한다. 안타깝게도 이 단순한 진실은 흔히 간과된다. 해결하고자 시도하지 않으면 평생 고민만 하다가 생이 끝날 수도 있다. 반면 꿈을 이루기 위해 행동하는 사람에게는 기적이 일어나기도 한다.

자기 자신을 믿고 성격의 장점을 키우면서 어떻게 생활방식을 개선해 나갈지 고민하라. 여기에서 핵심은 집념이다. 제이 밴 앤델은 종종 이렇게 말했다.

"경험을 기반으로 한 성공과 가장 밀접한 단 하나의 특성은 집념, 즉 강한 투지와 끝까지 버티는 의지다."

수년에 걸쳐 그가 무수히 많은 사업자에게 이야기했듯 집념과 아집의 차이를 혼동하는 과오를 범하지 않아야 한다. 집념은 '목적의식이 있는 완강함'으로 정의할 수 있다. 암웨이 사업자들은 집념의 중요성을 일관성 있게 듣고 동기부여를 받으므로 목표를 달성하지 못할 이유를 생각할 여유가 없다. 제이 밴 앤델의 얘기를 들어보자.

"암웨이는 성공에 꽂힌 사업자들이 집념을 갖고 목표를 향해 달려가길 바란다. 그들에게 엄청난 지적 능력이나 잘 관리한 몸매, 훌륭한 언변, 개인적인 매력이 아니라 그렇게 달려갈 능력과 의지가 있기를 기대한다."

절제: 강력한 조력자

암웨이의 직업윤리 규정에서 동기부여 개념에는 절제라는 특성이 따른다. 2,000여 년 전 어느 그리스 철학자는 자신의 제자들에게 "먼저 달성할 목표를 자신에게 말하고 그에 따른 행동을 실천에 옮겨라"라고 말했다. 동기부여와 목표가 조화를 이루는 사업자는 구체적인 행동계획이 없는 사업자에 비해 목표를 달성할 확률이 높다. 목표설정은 동기부여 과정의 중요한 요소로 사람들이 절제와 근면 성실로 조화롭게 살도록 해준다.

동기부여는 성공을 향한 마법이나 지름길이 아닌 성공에 도달하는 하나의 역동적인 수단이다. 건전한 동기부여는 성공에 도달하는 데 매우 효과적이다. 성공의 99퍼센트가 노력에 달려 있기 때문이다. 그런데 이것은 해야 할 일 깨닫기와 자신의 재능 및 기술에 대한 현실적인 평가를 복합적으로 수반한다.

아무리 절제력이 강해도 자기 자신에게는 무한히 관대해질 수 있다. 개중에는 자신을 지나치게 펌하하거나 매우 겸손하게 구는 사람도 있다. 자신을 별 볼 일 없는 사람, 미천한 사람으로 여길 경우 굳이 불편한 선택을 하거나 추가로 노력하거나 변화를 시도하거나 실패에 도전할 필요를 느끼지 않는다. 이런 사람은 현재에 안주해 타인이 간혹 알아봐주는 자신의 멋진 재능과 소질을 굳이 계발하려 하지 않는다.

교육적 동기부여

역사적으로 암웨이는 성공한 사업자란 '평생학습을 지향하는 사람'이라고 주장해왔다. 이는 전통적인 학교교육이 아니어도 마음을 열고 지속적으로 지식과 경험을 지향하는 사람을 뜻한다. 사람들은 보통 자신의 상황을 개선하고 싶어 한다. 이 욕구는 막강한 동력원으로 사람들은 학습 과정을 통해 풍성한 열매를 거둔다. 난관과 고통에 맞서 현명한 판단을 내리고 대항하는 능력은 절제력과 매일 의미 있는 정보를 습득함으로써 얻는다.

지식 세계에 입문하는 순간 지구상에서 가장 막강하고 그 무엇보다 커다란 동기를 부여해줄 힘에 한 발 다가갈 수 있다. 지식은 신념의 촉매제이고 신념은 태곳적부터 인간에게 부여된 하나의 태도로 고착되어왔다. 혼신을 다해 무언가를 알고 믿을 때 기적이 일어날 수 있다.

다음은 암웨이의 〈뉴스레터〉에서 오래전에 인용한 절제의 역할에 관한 문구다.

열 번씩 열 번을 시도했으나 실패했고
내 용기도 시들었다.
열 번씩 열한 번을 최대한 노력하자
원하는 것을 얻었다.
열 번씩 열두 번을 하니
나는 승자가 되어 있었다.

동기부여를 잘하는 이들의
여섯 가지 삶의 방식

미국의 심리학자이자 동기부여 전문가인 섀드 헴스테터(Shad Helmstetter)는 자신의 저서 《미국의 승리: 오늘날 암웨이의 실제 이야기(American Victory: The Real Story of Today's Amway)》에서 '암웨이 사업을 지금 그리고 앞으로 해야 하는 100가지 이유'를 소개했다. 그가 말하는 네 가지 주요 목표 중 하나는 '자신의 머리와 마음이 가는 대로 따르고 자기사업을 키워가는 결정을 하도록 동기부여를 하는 것'이다.

도입부에서 그는 이렇게 기술한다.

"나는 부푼 꿈 따위를 믿어본 적이 없다. 실용적이지 않거나 승산이 없어 보이면 그저 내 몫이 아니겠거니 하고 생각했다. 또한 나는 오래전부터 사람들은 대부분 타고난 재능을 적극 활용하지 못하며 살아간다고 생각해왔다. 그들은 인생에서 최대의 수확을 올리지 못하고 있다. 그저 소소하고 미미한 결과에 안주할 뿐이다. 그들의 삶은 지극히 평범하고 대단할 것이 없으며 욕망을 충족시키지 못한다."

수백 명의 암웨이 리더를 만나 인터뷰한 헴스테터는 동기부여를 잘하는 이들에게 공통적으로 나타나는 여섯 가지 삶의 방식을 도출

해냈다.

- 그들은 자기사업을 장기적이고 견고한 사업으로 간주한다.
- 그들의 모든 생각과 말에서 항상 자기사업을 진지하게 여긴 다는 것이 드러난다.
- 그들은 다른 이들도 자신처럼 자기사업을 진지하게 여기도 록 한다.
- 그들은 항상 자기사업을 파트타임이 아닌 풀타임 직업으로 생각하고 언급한다.
- 그들은 늘 자기사업을 인생에서 가장 중요한 직업상의 선택 으로 간주한다.
- 그들은 자신이 사업을 성공적으로 해 나가는 이미지를 머릿 속으로 명확히 그리며 그 이미지를 중요시한다.

헴스테터는 초기에 출간한 자기계발서 《챔피언들의 네트워크 (Network of Champions)》에서 독자들이 따라할 수 있는 동기부여 활동을 소개하고 있다. 그는 여기에 '다이아몬드로 나아가기 위한 자기암시' 혹은 '상위 핀을 달기 위한 자기암시'라는 이름을 붙였다.

- 나는 다이아몬드다. 아직 도달하진 않았지만 내 마음속의 나는 다이아몬드이므로 도달할 것이다.

- 그 목표에 필요한 모든 것이 내게 있다. 나는 가장 높은 고지에 도달할 수 있다. 나는 다이아몬드를 달성하기로 마음먹었다.

- 나는 다이아몬드의 길을 택했다. 나는 내 삶의 모든 방면에서 성공의 길을 택할 것이다.

- 나는 나 자신을 믿기로 했다. 나는 다이아몬드로 향하고 있고 내 길을 가로막는 것은 아무것도 없다.

- 내게는 비전이 있다. 나는 미래를 어떻게 꿈꿔야 하는지 알고 있다. 나는 그런 삶을 살고 있고 그 단계를 걷고 있으며 그렇게 하고 있는 나 자신에게 뿌듯함을 느낀다.

- 나는 인생에서 자유를 누리는 것이 좋다. 모든 방면에서 성공하는 삶이 좋다. 내가 정한 모든 목표에 도달하는 것이 좋다. 그리고 나는 다이아몬드가 되는 것이 정말 좋다.

- 다이아몬드가 되는 것은 현실이다. 가능한 현실이다. 다이아몬드가 되는 것은 당연히 가능한 일이고, 내가 할 수 있는 일이다.

- 나는 다이아몬드가 되는 날짜를 정해놓았다. 나에게는 목표와 계획이 있고 내가 그 목표를 달성할 날짜도 알고 있다.

- 나는 기다리지 않고 미루지 않기로 결심했다. 나는 할 수 있다. 나는 지금 이 순간부터 다이아몬드가 된다.

- 나는 다이아몬드다. 나는 내 마음, 정신, 계획 그리고 행동에서 다이아몬드다.

- 다이아몬드란 특별한 사람을 일컫는다. 나는 특별한 사람이다. 그러니 나는 다이아몬드가 될 수 있다.

- 나는 다이아몬드의 길을 택했다. 내 마음속과 일상에서 나는 이미 도달했다. 매일 나는 나 자신인 다이아몬드가 되기 위해 열심히 노력한다.

- 나는 내가 만들어가는 자유가 내가 보상받을 만한 자유라는 것을 알고 있다. 내가 선택한 성공의 길이 내가 달성하는 성공이라는 것도 안다.

- 이 글은 나 자신에게 들려주고 싶은 메시지다. 나는 내 사업을 키워간다. 나는 다이아몬드가 되어간다.

- 나는 할 수 있는가? 할 수 있다! 나는 다이아몬드가 될 수 있는가? 나는 이미 다이아몬드다! 나는 다이아몬드의 길을 택했다!

인류에 대한 봉사

앞서 말했듯 동기부여가 성공적이라는 평을 들을 때는 개인, 가족, 그룹이 목표를 달성해 수익성 높은 사업을 키워가는 경우다. 다른 한편으로 암웨이는 이웃, 국가, 나아가 전 세계에 봉사할 기회를 창출해 중요한 동기부여를 한다. 그런데 안타깝게도 이 점은 크게 주목받지 못하고 있다. 암웨이 창업자의 아들 스티브 밴 앤델 회장은 이렇게 말한다.

"암웨이에 전 세계 지역사회 주민의 삶의 질을 개선함으로써 성공을 공유하는 전통이 있다는 점이 자랑스럽다. 암웨이는 전 세계 사업자는 물론 계열사와 협업해 인류애나 교육적 관점에서 도움을 필요로 하는 곳에 따뜻한 손길을 건네고 환경을 보호하며 예술과 스포츠 분야에서 높은 성과를 도모한다."

인간과 지구를 깊이 염려하는 암웨이 사업자들은 대부분의 기업에서 시도하지 못하는 다양한 방식의 참여 기회를 통해 영감을 얻고 동기를 부여받는다. 가령 브라질암웨이는 남미지역의 전국 열 개 도시에서 5만 그루 나무심기 행사를 후원했다. 일본암웨이의 네이처 센터(Nature Center)는 전 세계의 토착 동식물, 산호초, 삼림, 해양생물을 돕기 위해 3억 1천만 엔을 모금했다. 이 외에 호주·아르헨티나·대만이 참여한 '세계 청소(Clean Up the World)' 프로젝트, 독일과 오스트리아가 참여한 환경 미화·보존 캠페인, 태국의 코끼리 및 삼림 보존 기금 등이 있다. 그뿐 아니라 암웨이는 이탈리아, 말레이시아, 캐나다, 폴란드 등에서도 광범위한 인류애적 노력에 앞장서 왔다.

디보스와 밴 앤델 집안은 오래전부터 성공은 얼마나 버는지가 아니라 얼마나 베푸는지로 측정하는 것이고, 많이 번 재산은 남과 공유해야 한다고 믿어왔다. 실제로 두 창업자는 사업 초창기부터 수익의 상당 부분을 종교단체에 기부하고 불우한 이웃을 돕거나 지역사회에서 후원 활동을 하는 데 사용했다.

암웨이 사업자 역시 자신이 사업을 하는 모든 국가에서 빈곤층, 환자, 장애인을 돕는 수많은 프로젝트와 캠페인에 참여해 음악·연극·스포츠·미술 등 삶의 질을 높이는 문화 활동과 환경보호 활동을 하고 있다.

특히 암웨이는 그랜드래피즈 지역 학생들에게 배움의 기회와 운동할 환경을 제공해주기 위해 공공교육기금을 마련하고 있다. 또한 중증 어린이 환자들에게 의료 서비스를 제공하는 것은 물론, 지역사회 주민의 생활수준을 보존하고 개선하는 여러 기관과 사업에 참여해왔다.

Amway
Story

첨단 공법

- 집중 공략 :
  세계적으로 필수품이 된 암웨이의 '최초' 제품
- 특허와 상표권
- 생산시설

제4장

첨단 공법

1959년 암웨이의 첫 번째 풀타임 직원 케이 에반스는 다음과 같이 기술했다.

"제이와 리치는 '모든' 분야에서 확고하게 100퍼센트를 추구했다. 그들은 암웨이에서 직접 생산하는 제품을 비롯해 모든 부문에서 최고의 품질을 유지해야 한다는 데 조금도 망설임이 없었다. 생산, 판매, 후원 등에서 하나부터 열까지 제대로 바르게 해야 한다고 믿었다."

그들은 경영자로는 드물게 직접 팔을 걷어붙이고 R&D에 뛰어들었고 덕분에 제품의 실용성이 그야말로 최고였다. 특히 그들은 제품을 직접 사용해보고 대다수 고객의 요구 수준보다 훨씬 높은 수준을 지향하며 신랄한 매의 눈으로 평가했다. 만약 제품이 만족스러울 경우 샘플로 소량 생산했고 해당 샘플을 소위 '투우장'으로 불리는 사업자 심사단에 전달했다. 이 과정에서 테스트에 통과한 제품만 대량생산했다.

테스트에 통과하지 못하면 사소한 문제라도 개선했고 이미 시장에서 유통 중일 경우에는 전량 회수했다. 모든 것이 최첨단 과학 환경에서 이뤄지는 오늘날 이것은 구시대적이고 투박한 R&D 접근법으로 보일 수 있지만 그 효과는 정말 뛰어나다. 이에 따라 일부 초기 제품은 지금까지 조금도 변하지 않았지만 여전히 높은 인기를 누리고 있다.

암웨이는 초창기와 마찬가지로 언제나 완벽을 고집한다. 미시간 주 에이다에 위치한 실험실에서는 지금도 품질 차원의 연구 과학진부터 생산라인을 표준에 맞게 검사하는 마케팅 및 유통 전문가까지 전체 품질보증 전문가가 암웨이의 평가와 분석 절차를 심층적으로 실행하고 있다.

개별 소비자와 해당 제품을 생산하는 절차 역시 제품과 구성성분의 뛰어난 품질을 입증한다. 암웨이의 화학자들은 탁월한 우수성을 확보하기 위해 원료를 분석한다. 기술진은 최종 사용자의 환경조건을 시뮬레이션하며 제품을 테스트한다. 전문 인력은 각 분야에서 색, 향, 느낌, 외향, 내구성 같은 속성에 주안점을 둔다. 엔지니어는 각 제품이 수명주기 내내 고장 없이 반복 구동하도록 분무기, 제어 부품, 측량기기 등의 기계적 부품을 엄격하게 시험한다.

특히 암웨이는 여러 종류의 최첨단 자동기계를 연구·개발·설치해 병이나 상자, 기타 보관함에 넣기 전에 테스트를 실시한다. 물품 연구부터 최종 조립 단계에 이르기까지 품질보증을 위해 수십 개의 점검 포인트에서 제품, 부품, 제품의 일부, 포장을 검사하는 것이다. R&D 관리부는 일상 업무에서 지속적으로 고품질을 유지하기 위해 세계적인 수준의 제조원칙을 채택하고 있다.

나아가 어느 생산지에서 원재료를 선택하든 지속적인 관리를 우선시한다. 특정 자원이 암웨이의 엄격한 표준에 부합하지 못할 경우, 영양분이 풍부한 원료를 암웨이가 소유한 농장에서 직접 재배하거나 자사 공장에서 제조한 종이를 사용하는 사례처럼 원료를 자체 조달한다.

암웨이는 자사가 진출한 각국의 제품 성분표를 준수하는 일에도 적극적이다. 미국 여성이 선호하는 화장품이 중국이나 인도에서도 인기를 끌 것인가? 뉴잉글랜드에서 인기가 높은 여러 세제 제품 중 어느 것이 남미나 필리핀에서도 베스트셀러가 될 것인가? 캐나다에서 수요량이 많은 암웨이 비타민이 남아공에서도 높은 시장점유율을 누릴 것인가? 미국 중서부의 영양가 높은 식음료 제품라인이 잉글랜드와 스코틀랜드에서도 호감을 얻을 것인가? 미국의 여러 물

부족 지역에서 큰 효과를 보는 제품이 유럽에서도 잘 팔릴까?

나는 그 대답을 수백 가지 제품에 대한 각국 소비자의 수요 창출 프로그램, 즉 암웨이의 성공적인 R&D 프로그램으로 얻었다. 그 성공비결은 다음의 세 가지 접근법에서 찾을 수 있다.

● 주력제품을 선별적으로 선택해 국가별로 공략하는 접근법을 다르게 한다. 현지 소비자에게 가장 어필할 수 있는 제품에 집중해 상대적으로 관심도가 낮은 제품보다 더 적극적으로 홍보한다.

● 전 세계적으로 암웨이 제품이 현지 생산품보다 더 우월하다는 점을 알려 잠재고객의 개인 취향과 구매 행위의 변화를 꾀한다.

● 해외시장 중에서도 기반을 잘 닦은 몇몇 국가에 R&D를 접목해 전통적인 미국 제품의 현지 수요를 높인다.

집중 공략: 세계적으로 필수품이 된 암웨이의 '최초' 제품

품질과 보증에서 명성이 높은 암웨이는 초창기부터 제품 개발, 제조, 포장, 마케팅 부문의 우수한 혁신으로 명망이 높았다. 암웨이의 첫 번째 제품인 LOC는 최초의 생분해성 세제이자 농축액 분야에서 업계 선두를 달리는 제품이다. 더그 디보스(Doug DeVos)는 "암웨이는 생분해성 농축액 붐이 일어나기도 전에 그 자체로 상표처럼 여겨지는 LOC를 판매했다. 과학자와 연구자로 구성된 암웨이의 전문가팀은 최첨단의 선봉에 있으며 가장 혁신적으로 개선한 제품을 선보인다"라고 말했다.

LOC의 농축 공법은 무게, 공간, 배송비를 대폭 절감하게 해주었고 이는 장거리 마케팅에 커다란 장점으로 작용했다. 특히 이것은 북미처럼 충분한 공간과 수송시설이 여의치 않은 여러 해외지사에 요긴한 공법이었다.

암웨이는 줄곧 일련의 제품 혁신을 이뤄냈다. 대표적으로 최초의 종합비타민제 뉴트리라이트를 꼽을 수 있다. 그 외에 농축 세탁세제 혁명을 일으킨 세제 농축액, 암웨이만의 공법을 활용한 물처리 시스템, 6대륙 문화권과 다양한 계층의 여성 피부에 맞게 출시한 화장품 및 스킨 케어 라인이 있다. 암웨이 아티스트리 화장품의 어느 단골 구매자는 "내가 선호하는 화장품을 아르헨티나, 이집트, 말레이시아 등 미국에서 수천 혹은 수백만 킬로미터나 떨어진 국가의 여성들도 선호한다는 사실이 놀랍다"라고 말했다.

하지만 암웨이는 사업자들에게 자사가 항상 제품과 생산 공법을 처음 도입하는 '선두기업'은 아니라는 점을 강조한다. 일례로 종종 논란이 일어나는 영양제 분야 정책은 필수제품과 유행하는 제품을 구분하기 위해 충분히 여유를 갖고 기다린다.

암웨이는 연구개발 사업을 설명하는 브로슈어에서 다음과 같이 기술했다.

"자사의 R&D 전문가는 실험과 현장 검증으로 소비자에게 최고의 품질 및 결과를 보증하도록 책임과 의무를 다하는 것을 최우선시한다. 우리가 마케팅 플랜을 기반으로 전달하는 모든 제품은 고객만족보증을 준수하고 사업자에게는 수당이 돌아간다. 제품보증 내용에 없는 이유로 문제가 발생할지라도 자사의 제조, 포장, 유통, 시스템 결함으로 오염이 일어났다면 자사가 모든 책임을 진다.

암웨이에서는 많은 사업자가 독립적으로 자기사업을 키워간다. 암웨이 마케팅 플랜은 사업 원칙, 윤리강령, 행동강령, 기타 규정을 통해 사업자들이 위험을 무릅쓰거나 타협하지 않고 준수하게 한다. 암웨이는 어느 레벨에서든 사업자로 활동하도록 승인받은 모든 이에게 위험 최소화를 보장한다."

특허와 상표권

암웨이는 전 세계적으로 현재 1,000 여 개 이상의 특허를 보유하고 있다. 이 중 다수는 암웨이가 직접 보유한 건이고, 일부는 다른 제조사와의 공동 R&D 사업을 통해 공동 소유한 건이다. 사실 암웨이 브랜드가 들어간 제품은 90퍼센트 이상이 자체 개발한 것이다. 자체 개발 품목의 대다수를 차지하는 것은 암웨이가 세계적으로 강세를 보이는 비타민과 미네랄 영양제 분야다.

이러한 특허는 화장품 계열 외에도 패밀리 케어, 남성용 미용제품(혹은 그루밍 제품), 구강 케어용 치약 및 가글제품, 체중감량 식음료, 세정액, 연수기, 분무형 세제, 정수기 필터, 조리도구, 살균제 등 방대한 제품군에 적용된다.

암웨이는 간혹 제품에 새로운 성분을 투입하기보다 제품에서 유해성분을 '제거'해 제품 안정성 등의 장점을 배가해줄 것을 연구진에게 요청한다. 예를 들어 혁신적인 암웨이 비누의 겉포장에는 '민감성 피부 비누를 위해 리뉴얼한 비누에서 여러 성분을 제거했음'이라는 문구가 적혀 있다.

실제로 암웨이는 민감성 피부를 보호하는 동시에 우수한 세정력을 유지하기 위해 큰 인기를 누리던 기존 비누제품을 리뉴얼해 염료, 색소, 향, 방부제를 100퍼센트 제거했다. 그렇게 해서 탄생한 제품이 '민감성 피부 비누'이다. 알레르기 테스트와 피부과 및 소아과 테스트를 거친 이 제품은 피부 자극이 전혀 없고 천연보습이 가능한 제제를 사용해 건조하지 않으며 세정력이 우수하다.

생산시설

'암웨이는 최첨단 퍼스널 케어 제조시설을 신규 완공했다'

'암웨이의 종이제품 사업부는 1,700만 달러 규모의 확장 공사를 했다'

'암웨이와 러버메이드는 양질의 식품저장 시스템을 개발하기 위해 공동 연구를 실시했다'

'암웨이는 뉴트리라이트 레이크뷰 캠퍼스에 2,500만 달러를 투입해 규모를 확장했다'

이것은 90년대 후반에 다뤄진 암웨이 관련 머리기사다. 대체로 암웨이의 막대한 연구개발 노력이 지속적인 사업 성공에 힘을 실어준다는 내용이다. 퍼스널 케어 제품의 경우 미시간 주 에이다에 위치한 신규 공장이 전 세계적으로 사업을 확대하는 데 중추적인 역할을 했다. 이것은 국가별로 크게 상이한 퍼스널 케어 제품의 요구사항을 준수하기 위해서도 매우 중요했다. 그리고 컴퓨터 제어기술은 변화하는 미래의 요구사항에 맞춰 제품을 생산하는 일에 기여했다.

암웨이는 시설의 구조와 설계를 고안할 때 환경적 요소도 깊이 고려했다. 암웨이의 시설을 담당한 한 설계자는 이렇게 말했다.

"공기 중의 먼지, 흙, 연기 등에 노출을 최소화하는 방식으로 구조물을 배치하도록 자재 사용법을 정확히 숙지했다. 회사는 퍼스널 케어 제품 생산을 준비·제조하는 과정 중에 세균이 침입하는 것을 예방하기 위해 오염원의 치명성을 거듭 강조했다."

이에 따라 녹이 슬지 않는 스테인리스 스틸 수조를 사용해 성분을 측정하고 혼합했으며, 약품 제조는 컴퓨터 제어 기술을 기반으로 정확성을 기해 온도를 조절하고 포장했다.

암웨이 퍼스널 케어 제품의 중요한 특징 중 하나는 저온살균 정제수 사용이다. 최첨단 청정여과시스템을 사용하는 정제시스템에는 역삼투압과 저온살균을 통한 정밀 여과 기술이 있다. 물처리의 첫 단계는 연수처리 과정으로 이때 산성도(pH) 균형을 맞춰 염소를 제거한다. 그다음에는 역삼투압으로 연수한 물을 정제함으로써 규제 수준을 초과달성할 정도로 청정한 정제수를 만든다. 이 과정에서 반투성 막 전반의 압력 경도를 도출해 미세입자를 여과한 후 저온살균처리를 거쳐 제품 생산에 사용한다.

모든 완제품은 위생 기준을 준수하기 위해 위생 처리한 스테인리스 스틸 관을 통해 이동한다. 대부분의 퍼스널 케어 공정은 컴퓨터 제어 기술을 기반으로 하는 '클린 인 프로세스(CIP, Clean in Process)' 시스템으로 이뤄진다. 이것은 미국 식품의약국(FDA)의 승인 기준을 준수하는 유제품 및 제약 산업에서 사용하는 공법이다.

완제품은 포장에 들어가기 전에 최첨단 컴퓨터에 기반한 포장라인의 한 곳에 있는 밀폐 시스템에 보관한다. 포장라인에는 개별 병을 수축 포장하는 라인과 맞춤제작 형태의 병을 포장하는 라인 등이 있다. 또한 제품 연구 개발부터 최종 포장에 이르는 전 과정에 존재하는 수십 개의 점검 지점에서 각각의 퍼스널 케어 제품이 회사의 높은 품질 수준에 부합하도록 한다. 이처럼 품질과 혁신에 총력을 집중하는 모습은 암웨이의 모든 연구개발 과학자와 품질보증전문가를 통해서도 극명히 드러난다.

막대한 비용을 들여 새 단장한 암웨이의 퍼스널 케어 생산시설은 최고의 품질을 구현한다는 회사의 신념을 잘 보여준다. 최신 컴퓨터 제어장비와 기술을 도입한 생산시설은 FDA 규제 대상 품목을 비롯해 다양한 퍼스널 케어 제품을 생산하도록 설계했다. 세계적인 수준의 생산시설을 설계하기 위한 엔지니어링 작업에 약 3만 5,000시간이 들었다. 이는 퍼스널 케어 제품의 늘어나는 니즈(needs)를 충족시키기 위함이었다.

퍼스널 케어 시설의 구조와 설계를 고안할 때 핵심 사안은 환경적 요소였다. 이에 따라 시설은 공기 중의 먼지, 흙, 연기 등에 노출을 최소화할 수 있는 위치에 놓였는데 이는 세균 오염을 예방하는 가장 효과적인 방식이다. 최첨단 청정여과시스템을 통한 정수처리장치는 전용 청정 환경에서 미세여과 및 저온살균 공법을 적용하고 있다.

암웨이의 생산시설은 다음의 시설을 갖추고 있다.

자동관리가 가능한 창고

퍼스널 케어 제품을 생산하는 데 필요한 모든 원료를 효율적으로 저장하기 위해 설계한 공간으로, 무선주파수(RF, Radio Frequency)를 이용해 물품을 출고할 때 재고관리를 자동 업데이트한다.

정수 보관실

퍼스널 케어 제품에 사용하는 물은 전량 정수 보관실에 있는 것을 쓴다. 이곳에서는 물을 연수처리한 후 산성도 균형을 맞춘 다음 염소를 제거한다. 그다음 공정으로 미세입자를 여과하고 저온살균 처리를 하는 역삼투압 공정을 거친 뒤 제품 생산에 사용한다.

배합실

모든 제품 성분은 배합실에 배치한 혼합 수조에서 배합하는데, 수조는 제약업계 수준의 설계 원칙에 부합한다. 컴퓨터로 제어하는 수조에서는 제품을 배합, 가열, 냉각한다. 배합실에는 공기의 흐름을 조절하고 여과 처리하는 장치가 갖춰져 있다. 또 모든 출입구에는 특수 조명을 설치하고 부식방지 시공자재 등 여러 특수 설비를 사용했다. 이러한 배합실은 시공 단계부터 최첨단 공법을 사용해 생산시설에서 구현해낼 수 있는 가장 청정한 환경을 갖추고 있다. 특히 전기시설을 최대한 벽 속에 매립하거나 천장 위로 설치해 위생상태의 규제조건에 부합하게 했다. 특수성과 내구성이 좋은 인조석

테라조로 시공해 다른 표면에 비해 구멍이 덜 생기는 '습식' 공간 바닥은 세척이 용이하다.

포장라인

완제품은 위생적인 스테인리스 스틸 관을 통해 이동한다. 암웨이의 컴퓨터 제어 포장라인 중 한 곳에서 병에 내용물을 채워 넣기 전에 제품을 밀폐 시스템에 보관한다. 1번 포장라인에서는 암웨이 바디 시리즈 에센셜 제품, 네이처 샤워 글리세린 앤 허니 바디 샴푸, 새티니크 제품을 취급한다. 2번 포장라인은 새티니크 제품을 포장하도록 설계되어 있다. 또한 일본 등 일부 국가에서 요구하는 개별 병 수축포장도 실시한다. 3번 포장라인은 암웨이 바디 시리즈, 민감성 피부 제품, 여행용 제품을 취급하는데 이곳에서는 특수 맞춤제작한 병과 포장재를 사용한다.

다수의 퍼스널 케어 공정 장비는 유제품과 제약 산업에서 사용하는 컴퓨터 제어 시스템으로 위생 처리한다. 이는 FDA의 승인 표준에 부합하는 빠르고 효율적이며 안전한 장비 세척 방법이다. 퍼스널 케어 라인 옆에는 품질보증 연구소가 위치해 있는데 이곳에서는 세계적인 수준의 실험실과 장비를 사용하고 있다. 퍼스널 케어 제품 포장실의 조명은 완제품의 육안 검사를 위해 병원 수술실 수준에 부합하는 밝기를 유지한다.

인쇄시설

암웨이는 모든 인쇄 업무를 자체적으로 해결한다. 이미 1991년부터 제조·절삭·접착 공정 용량을 확대하기 시작했고 시설 업그레이드와 하이델베르크 인쇄기, 밥스트 절단 장비, 아르페코 컬러 소폭용지 내장형 프레스 장비, 닐피터 라벨 프레스 장비 등 최신 장비에 대거 투자했다.

하이델베르크 인쇄기는 모든 상자 작업에 사용한다. 단, 아티스트리 스킨케어와 색조 화장품은 아르페코 컬러 프레스 장비를 이용한다. 하이델베르크 장비는 시간당 1만 5,000장을 인쇄하는데 이는 기존 장비 대비 두 배가 넘는 양이다. 또한 자동 셋업장치와 인쇄판 거치 기능을 구비해 셋업 시간을 절반으로 줄였다. 가장 특징적인 요소는 각종 장비와 설비를 전기 및 기계적으로 연결하는 첨단장치로 이는 수리 문제 해결에 효과적이다. 밥스트 절단 장비는 모든 상자의 끝부분을 제거해 수작업으로 다듬는 공정을 생략하게 하고 '분리' 공정을 담당한다. 밥스트 절단 장비 덕분에 기존 장비 대비 시간당 2,000개를 추가로 더 처리하고 있다. 이 공정이 끝나면 상자는 접착 공정으로 넘어간다.

아르페코 컬러 소폭용지 프레스 장비는 양면인쇄, 양각, 음각, 절취 기능이 내장되어 있고 열 가지 색상까지 인쇄가 가능하다. 이 고품질 통합형 인쇄기는 여섯 가지 공정과 네 대의 기계로 다루던 작업을 한 번에 처리한다. 여기에다 덴마크산 닐피터 라벨 인쇄기를 사용할 경우 압력에 민감한 라벨지를 쉽게 생산할 수 있다.

이 외에 고급 포장에 맞춤 설계한 라디칼 접착기는 개봉 테이프를 붙이고 패치를 처리한 뒤 물품을 넣어 특별 제작한 상자를 최종 밀봉한다. 인쇄시설 담당 매니저는 "종이제품 부서 직원들의 고급 노하우가 신규 장비를 확대 도입하는 데 한몫했다. 골판지 공장과 소폭용지 기술부서 직원들이 새로운 전략을 도출해 제안한 것이다"라고 말했다.

시설 증축으로 공정이 간소화하면서 생산량이 늘어났고 공정업무 총 처리시간은 평균 3주에서 1주로 줄어들었다.

새로운 고품질 식품 저장 용기

1997년 암웨이와 러버메이드는 암웨이 전용 유통채널을 위해 생산한 프리미엄급의 러버메이드 제품군에 공동 브랜드 라인을 도입했다. 이것은 암웨이와 러버메이드의 전략적 제휴로 개발한 신규 제품라인이다. 러버메이드가 생산한 '암웨이 식품 저장 용기'는 제품 수명주기 내내 우수한 내구성과 다용도가 가능한 고성능 자재를 사용해 품질이 뛰어나고 디자인까지 돋보인다. 이 제품은 찬장·선반·싱크대 상판뿐 아니라 냉장고, 냉동고, 전자레인지에서도 사용할 수 있도록 설계한 적층형 용기다.

기본 용기는 초강력 폴리카보네이트로 제작해 투명하며 녹과 얼룩, 균열에 강하다. 따라서 편리하게 식탁에 놓고 그릇처럼 사용할 수 있고 식품을 오래 보관하는 것은 물론 내용물 파악이 쉬우며 전자레인지 사용도 가능하다. 여기에다 안전한 밀봉과 개폐가 쉽고 손으로 들거나 세척하기가 용이하다. 이러한 식품 저장 용기는 세균 발생을 초래하는 음식 찌꺼기가 낄 틈이 전혀 없는 섬세한 디자인으로 미국국립위생재단(NSF, National Sanitation Foundation)으로부터 인증마크를 받았다.

확장된 뉴트리라이트

1998년 초 캘리포니아 주 레이크빌에 위치한 뉴트리라이트 생산시설 증축은 제럴드 포드 전 대통령을 비롯한 고위급 유명인사가 개소식에 참석할 정도로 중요했다. 데이브 밴 앤델(Dave Van Andel)은 "이들 시설은 암웨이의 성공적인 제품계열 중 하나인 뉴트리라이트의 지속적인 성장과 성공을 암웨이가 얼마나 확신하는지 강력하게 보여준다"라고 말했다. 그의 말대로 암웨이는 레이크뷰 캠퍼스의 따로 떨어진 여섯 개 건물에서 진행하던 측량, 배합, 공정처리, 테스트, 포장 등의 업무를 1만 9,000평방미터(약 5,747평) 규모의 시설에 통합했다. 오늘날 이곳 건물에는 품질관리연구소, 행정업무시설, 중앙전력발전소, 컴퓨터센터가 입주해 있다.

암웨이 뉴트리라이트가 알약 형태의 비타민 및 미네랄 영양제 제조사 중 전 세계 최대 규모라는 사실은 시설 설립과 증축으로 극명히 드러난다. 암웨이의 입지가 국제적으로 늘어나면서 뉴트리라이트 수요도 꾸준히 증가하고 있다.

Amway
Story

제5장

기술 지원

3자 통화, 원격회의, 컴퓨터 기반의 자동 물류 관리 시스템을 활용하는 드롭쉬핑(drop shipping, 실시간 수요예측 및 재고현황 파악이 가능토록 하여 제조업체에서 재고를 보유하고 있다가 유통을 거치지 않고 직접 고객에게 제품을 배송하는 형태)은 네트워크 마케팅 사업자에게 기본적으로 필요한 업무 수단이다. 사업자들은 팩스와 음성사서함을 이용해 모든 다운라인 사업자에게 직접 안내사항을 전송할 수 있다. 또 개인용 컴퓨터로 수천 명에게 보내는 우편물에 필요한 봉투 라벨 지를 출력할 수 있다. 해외 사업에 관심이 있는가? 제3의 물결의 정중앙에서 활동하는 기업들은 세관, 세금, 환율 전환을 비롯해 국제사업에 필요한 여러 세부 업무를 대행해준다. 가장 발전한 유통 형태를 채택한 네트워크 마케팅 회사들은 무엇보다 업무의 간편성을 중요시한다. 이에 따라 컴퓨터, 관리 시스템, 첨단 통신장비를 이용해 사업자들이 쉽고 편하게 사업할 수 있는 환경을 마련해주고 있다.

- 리처드 포(Richard Poe),

《제3물결: 네트워크 마케팅의 새 시대

(Wave 3: The New Era in Network Marketing)》

비즈니스 기술과 통신 전문가인 리처드 포가 90년대 초반 '제3의 물결'에 관한 저서를 출간했을 때, 그는 소심하지만 사업을 개선하기 위해 컴퓨터와 자동화로 눈을 돌리려 하는 여러 기업가에게 수차례 자신의 생각을 피력했다. 동시에 그는 암웨이 경영진이 이미 그러한 신기술을 도입한 것을 치하하며 암웨이를 직접판매 전반에 혁명을 일으키는 선구자로 칭했다.

그러면 암웨이는 컴퓨터와 자동화를 어느 정도로 활용했을까? 1979년 일간지 〈그랜드래피즈 프레스(Grand Rapids Press)〉의 한 기사는 암웨이의 사업 방식을 이렇게 묘사했다.

"불평불만 없이 하루 24시간 작동하는 기계가 눈 깜짝할 사이에 입력한 지시사항을 수행하고 1분당 2,000개의 줄을 인쇄한다. 또한 전 세계 다른 곳에 위치한 기계들과 소통하는 것에 놀라지 않을 수 없다."

여기에 덧붙여 기사는 단 한 대의 컴퓨터가 1만 명의 작업을 대신하는 기술이 없었다면 수십만 명에 달하는 사업자들과 긴밀히 연락을 주고받는 일은 불가능했을 것이라는 암웨이 직원의 말을 인용했다. 이 기사는 70년대 말에 실렸으나 암웨이는 이미 그보다 '12년 먼저' 복잡한 커뮤니케이션과 장부 관리를 위해 3세대 컴퓨터를 도입한 상태였다. 미시간 일간지에 그 기사가 올라올 무렵 암웨이의 전 세계 사업자들은 모뎀, 마우스, 하드웨어, 소프트웨어, 프로그래밍, 스크롤링, 디스크 드라이브, 바이트 등의 컴퓨터 용어에 익숙해져 있었다.

암웨이가 컴퓨터를 처음 도입할 무렵, 자동화 개념은 생소하고 이질적인 것이었고 실제로 비평가들은 암웨이를 비난하기도 했다. 한 논평가는 다음과 같이 기고했다.

"암웨이는 '대인관계'와 관련된 부문에서만 성공할 수 있는 사업 모델이며 인간의 권리를 한갓 숫자로 표기하고 있다. 기계에서 기계로 물건을 팔 수는 없으며 사업자들이 이것이 가능하다고 믿는다면 머지않아 엄청난 적자에 시달릴 것이다."

반면 〈업라인(Upline)〉은 한 기사에서 주요 독자인 네트워크 마케팅 사업자들을 향해 이렇게 언급했다.

"이 같은 수단과 기술은 사업자들이 사업에서 가장 중요하면서도 눈에 보이지 않는 부분, 즉 사람들과의 관계에 불편함 없이 집중

하도록 지원한다. 사업자들은 자신이 후원하는 사람들이 성장하도록 돕고 그들의 사업을 지원하는 역할을 맡는다."

직접판매협회(DSA, Direct Selling Association)는 컴퓨터는 인간에게 독립성을 안겨주는 수단으로 "고객과 다운라인 사업자 네트워크를 확대하고 개선하도록 한다"라고 주장했다. 나아가 컴퓨터 기술을 거부하는 행위는 퇴행의 길로 회귀한다는 의미라며 암웨이의 사업자들이 첨단 기술을 적극 활용하는 것을 격려했다.

인터넷 시대

암웨이 경영진은 컴퓨터가 등장한 초창기부터 그 기술 발전에 주목했고 엄격한 기술 관리 정책을 펴왔다. 실제로 인터넷에 접근할 수 있는 사람이면 누구라도 암웨이 사이트에 접속해 기업 소개 내용을 열람할 수 있다. 사업자로 활동하고 싶을 경우에도 암웨이 사이트에 접속해 정보를 탐색할 수 있다.

'e-비즈니스'라고 불리는 전자상의 새로운 혜택은 1999년부터 쏟아져 나오기 시작했다. 이것이 암웨이가 일컫는 '혁신 전통'과 맞물리면서 급변하는 사업운영 방식 개선, 새로운 사업운영 방식, 글로벌 성장 잠재력에 발맞춰 급물살을 탔다.

데이브 밴 앤델은 다음과 같이 말했다.

"e-비즈니스 메뉴판에 주문 가능한 메뉴가 얼마나 많은지 보라. 간과하지 말아야 할 점은 보다 효율적인 e-비즈니스 수단을 활용할수록 일대일 마케팅을 더 효과적으로 할 수 있다는 것이다. 다시 말해 암웨이만의 하이테크와 하이터치를 결합한 형태를 활용하면 된다. 이것은 우리를 고성장으로 이끌어준다."

그가 언급한 메뉴판에는 다음의 메뉴가 들어 있었다.

Amway Instant Order (암웨이 실시간주문)

개인용 컴퓨터를 이용해 하루 24시간 연중무휴로 인터넷 주문이 가능하다. '암웨이 실시간주문'란에서는 제품가격, 판매세, PV/BV, 권장소비자가, 재고 확인 등의 정보를 자동 제공한다.

제품 및 서비스에 관한 CD-ROM

제품 정보, 소개 영상, 가격, 암웨이 실시간주문 방법을 소개하는 멀티미디어 자료다.

Amway Automated Order Center (암웨이 자동주문센터)

하루 24시간 연중무휴로 터치톤(Touch-Tone) 전화기로 주문할 수 있다. 사업자 인증을 거치면 암웨이 자동주문센터에서 고객의 카탈로그 주문을 접수한다.

개인 홈페이지

사업자는 명함 제작비용을 절약하는 차원에서 인터넷에 자신만의 홈페이지를 만들어 암웨이 사업을 홍보할 수 있다.

암웨이 공식 사이트 www.amway.com

www.amway.com에서 암웨이의 역사, 제품, 기회, 지역사회 공헌에 관한 내용을 확인할 수 있다. 미국암웨이와 캐나다암웨이 사이트로 연결되는 링크가 있다.

ABN 암웨이 비즈니스 네트워크 www.amway.com

www.amway.com 은 개별 사업자들의 전용 사이트로 개인과 그룹의 총 PV/BV, 세금 정보, 현재 가격, 소프트웨어 업데이트, 암웨이 간행물의 전자 형태 버전, 이용자의 질문에 대한 답변으로 구성되어 있다.

밴 앤델은 "암웨이는 그 외에도 다양하게 e-비즈니스를 확대해 현재와 미래의 사업에서 선두적인 역할을 할 것이다"라고 언급했다.

기타 컴퓨터 관련 사항

90년대 중반 암웨이는 시장 최초로 카탈로그를 제작하고 검증해 CD-ROM 형태로 출시했다. 그때까지 인쇄물 형태로만 제공하던 제품과 서비스 목록을 전자 형태로 만나보게 한 것이다. 이 혁신을 통해 사업자들은 CD-ROM을 컴퓨터에 삽입해 온라인으로 천여 개가 넘는 제품과 서비스를 주문할 수 있었다. 멀티미디어적 요소가 돋보인 CD-ROM은 삽화, 그래픽, 텍스트뿐 아니라 영상과 소리까지 가미한 형태였다.

한편 암웨이는 본사와 수천 킬로미터나 떨어진 지역에서 최첨단 기술을 이용한 교육과 오리엔테이션을 진행하며 역사를 새로 쓰기도 했다. 한 컴퓨터 전문가는 "과거 역사학자들이 상상하지 못한 방식으로 전 세계 인류를 한데 모아 연결한 기업이 암웨이다"라고 언급했다. 특히 신기종 컴퓨터에 80여 개 언어로 안내사항과 정보를 번역할 수 있는 기능을 내장해 언어장벽마저 제거했다.

암웨이 사업을 꿈꾸는 이들을 위한 사이트

90년대 중반 암웨이는 자사 사이트를 활용해 암웨이 사업자가 누리는 장점과 보상 내용을 소개하는 프로그램을 운영하기 시작했다. 그 내용을 살펴보면 다음과 같다.

암웨이 사업기회를 통해 ABO는 많은 혜택을 얻습니다. 재정적 보상을 비롯해 동료들의 인정, 실적 달성에 따른 자부심, 다른 사람을 도와주면서 느끼는 기쁨, 가족과 함께 일한다는 점 그리고 자기 사업을 하면서 얻는 뿌듯함 등 눈에 보이지 않는 혜택도 있습니다.

먼저 잠재수익을 알아보겠습니다.

ABO는 다양한 방식으로 수익을 올릴 수 있습니다. 미국과 캐나다의 경우 최소 10가지 방식이 가능합니다. 판매수익(ABO 비용에서 권장소비자가를 뺀 금액), 실적에 따라 차등 적용하는 9가지의 보너스입니다.

스페셜 리더십 프로그램을 알아보겠습니다.

다양한 실적 레벨에 도달할 때마다 여러 암웨이 리더십 프로그램에 참여할 자격이 주어집니다.

연간 비즈니스 미팅: 전 세계적으로 암웨이 리더들은 암웨이가 후원하는 행사에 초청을 받습니다. 이곳에서는 사업을 제대로 키워갈 수 있도록 도움을 주는 분위기를 연출합니다.

다양한 스페셜 프로그램: 사업 실적이 특정 ABO 레벨에 도달할 경우 특별 초대장을 발송합니다. 암웨이 시설에서 누리는 특별한 그날을 상상해보십시오. ABO 잡지에 성공 스토리가 실리고 이름과 사진이 암웨이 본사의 명예의 전당에 올라갑니다.

낮은 창업비용

창업비로 암웨이 비즈니스 키트(Amway Business Kit) 구매비용만 있으면 되므로 사실상 누구나 암웨이 ABO가 될 수 있었습니다. 다른 사업기회와 비교할 때 암웨이 사업을 시작하는 초기비용은 훨씬 낮습니다. 따라서 미래를 위한 투자를 꿈꾸는 사람이면 누구라도 시도할 수 있습니다. 현재는 나라에 따라 비즈니스 키트를 구매하지 않아도 ABO 가입이 가능하기도 합니다.

실적 중심의 사업

암웨이는 실적 중심의 사업이며 들인 노력에 비례해 보상을 지급합니다. 재정적 보상을 더 많이 받으려면 자기사업에 그에 상응하는 시간과 노력을 투자해야 합니다. 암웨이 사업의 특징은 사업자가 자신이 원하는 대로 일을 많이 할 수도, 적게 할 수도 있다는 점입니다. 단, 보상은 사업자의 실적과 직접 관련이 있습니다.

대세는 직접판매

이전보다 시간적 여유가 없는 사람들이 늘어나면서 정기적인 생필품 구매 방식을 효율화해 시간을 절약하려는 욕구가 커지고 있습니다. 직접판매 방식은 현재 소비자들의 니즈를 십분 충족해줍니다. 암웨이가 주문자의 집 앞까지 제품을 배송해주기 때문입니다. 또한 암웨이만큼 오랜 역사가 있고 대규모로 직접판매를 하는 기업은 없습니다.

사업의 유연성

목표와 보상은 사업자별로 달리 설정합니다. 본업을 유지하면서 파트타임으로 암웨이 사업을 하는 사업자들도 있지만, 암웨이 사업을 본업으로 키워가는 사업자들도 있습니다. 자신이 투자하고 싶은 만큼의 시간을 사업에 투자하면 됩니다.

제품의 다양성

암웨이 사업에서 취급하는 제품은 수백 가지가 넘으며, 여러 국가에서 수천 개 서브 브랜드와 서비스를 만나볼 수 있습니다. 지금까지 암웨이는 최고 수준의 제품을 제공하고 포장 개발에 혁신적이라는 명성을 공고히 다져왔습니다.

기업 규모

전 세계적으로 1만 4,000명 이상의 암웨이 직원들이 92만 9,000 평방미터(약 28만 평 - 옮긴이)에 달하는 제조, 사무, 유통 시설에서 일하고 있습니다. 암웨이는 미국, 중국, 한국에서 제품을 생산하며 전 세계에 제품 창고 시설을 두고 있습니다.

공평한 기회

암웨이 사업에 첫발을 내딛은 ABO는 누구라도 같은 레벨에서 시작합니다. 각각의 신규 ABO에게는 가장 성공한 ABO와 마찬가지로 높은 실적을 달성할 기회가 똑같이 주어집니다. 더러 암웨이 사업기회를 따라 하는 기업들도 있지만, 암웨이가 ABO에게 제공하는 지원 수준을 그대로 모방하기는 어렵습니다.

암웨이의 역사와 배경, 전 세계 사업장 위치, 경영진, 사업자, 암웨이의 주요 행사 등의 정보는 다양한 인터넷 사이트에서 확인할 수 있다. 많은 이들이 궁금해 하는 주요 사항을 고려해 암웨이는 자주 묻는 질문(FAQs)에 대한 답변을 마련해두고 있다.

Q&A

인터넷에 암웨이에 관한 비난이 쇄도하는 이유는 무엇인가요?

인터넷은 수백만 명이 자신의 경험과 의견을 공유하고 표현하는 공론의 장입니다. 일부 이용자가 인터넷이라는 익명의 공간을 이용해 암웨이를 비판하는 글을 올리는 식으로 의견을 표출하고 있습니다. 하지만 전 세계에서 300만 명 이상이 암웨이 사업의 장점을 파악해 매년 사업자 자격을 갱신한다는 사실을 고려해 비판적인 내용을 살펴볼 필요가 있습니다.

암웨이는 미국 헌법 제1조인 표현의 자유를 옹호하고 인터넷이 인류의 소중한 소통 수단이라는 점을 인식하고 있습니다. 단, 사람들은 표현의 자유를 행사하는 과정에서 자신이 게재하는 정보가 정확하고 공정하며 사실에 입각한다는 점을 확실히 인식하고 책임을 직시해야 합니다.

지금껏 인터넷에서 전혀 공격을 받지 않고 품위와 명성을 한결같이 유지해온 기업은 극소수에 불과합니다. 현재 암웨이를 비롯한 많은 기업과 단체에서 인터넷상에서의 책임 있는 발언을 요구하는 목소리가 커지고 있습니다. 비판의 목소리를 내는 사람들은 얼마든지 자신의 견해를 주장할 수 있겠지만 저비용, 저위험의 암웨이 사업기회가 누구에게나 주어지며 지금까지 대대적인 성공을 거두었다는 검증된 사실과 근거에 반박할 사람은 없을 것입니다.

암웨이가 특정 종교를 지지한다는 게 사실입니까?

사실이 아닙니다. 암웨이 사업은 종교, 정치적 혹은 개인적 신념, 성별, 인종에 상관없이 누구에게나 기회가 열려 있습니다. 구체적인 통계를 조사하지는 않았지만 사업자와 직원 중에는 유대교, 이슬람교, 힌두교, 불교, 기독교 등 다양한 종교인이 있습니다.

미국 암웨이 ABO협회 이사회에서는 비즈니스 미팅에서 종교나 정치에 관한 개인의 신념을 다루는 것을 제재하는 지침을 마련하기도 했습니다. 그뿐 아니라 암웨이는 학벌, 배경, 장애 여부와 무관하게 모든 남녀노소에게 사업기회를 제공합니다. 전 세계 49곳 이상의 제휴 시장에서 활동하는 사업자들의 성공을 보면 암웨이의 사업기회가 언어, 문화, 정치, 개인의 신념을 초월한다는 사실을 알 수 있을 것입니다.

암웨이 사업이 물질적 성공에 치중하는 듯한 느낌을 주는 이유는 무엇 인가요?

암웨이 사업도 분명 하나의 사업입니다. 어떤 분야에서든 사람 들이 사업을 하는 이유는 수익을 올려 생활비를 조달하고 각자 자기 삶에서 이루고자 하는 목표를 달성하기 위해서입니다. 그 목표는 단 기적이거나 장기적일 수도 있고 큰 목표(내 집 마련 등) 혹은 작은 목 표(휴가비 등)일 수도 있습니다.

더 나은 생활수준을 바라는 것은 누구나 공통적이며 이는 어떤 사업에서든 첫발을 내딛게 하는 동기부여이자 보상입니다. 돈과 돈 으로 살 수 있는 것은 사업자들이 자기사업을 위해 동기부여를 받 고, 사업에 관한 신뢰를 구축하는 데 활용하는 보편적인 성공 지표 입니다. 다만 진정한 성공의 의미를 어떻게 정의하는가는 개개인의 몫입니다.

암웨이 사업자들은 여느 사업자들과 마찬가지로 금전적 목표를 초월해 다양한 니즈를 충족하기 위해 사업을 합니다. 예를 들면 암 웨이 사업자는 사업적 기술을 갈고닦거나 자기사업을 소유하고 운 영하는 노하우를 터득하기도 합니다.

그 외에 자신의 페이스에 맞게 사업을 키워갈 수 있는 자유에 이 끌려 암웨이 사업을 하는 이들도 있습니다. 암웨이 사업으로 인맥을 넓히려 하는 사람들도 있고 긍정적 혹은 낙관적인 사람들과 즐겁게 어울리는 것이 마냥 좋아서 사업을 한다는 사람들도 있습니다.

암웨이가 유사종교 집단이라는 루머를 들었는데, 사실인가요?

사실이 아닙니다. 암웨이는 오랜 역사를 자랑하는 다른 대기업과 마찬가지로 사업자 간에 목표를 공유하는 고유의 기업문화를 갖추고 있습니다. 암웨이 내에서 공유하는 사업철학을 보고 유사종교 집단이라고 오해하는 오류를 범해서는 안 됩니다. 암웨이는 종교적 신념, 인종, 성별과 무관하게 모든 사람에게 열린 사업기회를 제공합니다. 암웨이 사업으로 자신의 목표를 달성하고자 하는 전 세계 300만 명이 넘는 암웨이 사업자들은 모든 문화권, 인종적 배경, 정치적 및 종교적 신념을 대표하며 암웨이의 축소판입니다.

암웨이 사업자들은 각자 개성이 다르지만 암웨이 사업으로 성공을 꿈꾸고, 암웨이가 자신의 목표를 달성할 훌륭한 기회임을 믿는다는 공통점이 있습니다. 신규 사업자들은 자신만의 독립적인 사업을 구축하면서 관련 교육, 동기부여, 지원을 받으며 실적에 따른 보상을 얻습니다. 암웨이를 면밀히 들여다보면 암웨이를 유사종교 집단으로 공격하는 주장이 그릇되었다는 것을 쉽게 알 수 있습니다.

암웨이와 불법 피라미드 조직에는 어떤 차이가 있나요?

암웨이와 다른 합법적인 네트워크 마케팅 회사는 불법 피라미드와 달리 다음의 특징을 갖추고 있습니다.

● 고가의 가입비를 요구하지 않고 사업 탈퇴를 결정하는 경우 합리적인 기간 내에 대부분 혹은 전액 사업 개시 비용을 환불해줍니다. 여러 피라미드 업체는 막대한 초기 사업비를 청구하고 환불 약속을 지키지 못하는 경우가 다반사입니다.

● 사업자가 제품을 전달하지 않는 한 커미션이나 보너스를 지급하지 않습니다. 암웨이는 단순히 사람을 모집했다고 그 보상으로 보너스를 지급하지 않습니다. 반면 피라미드 조직은 제품 판매 없이 사람만 끌어와도 보너스를 지급합니다.

● 대량의 고비용 재고를 비축하고 유지해야 하는 의무를 부여하지 않습니다. 최소 주문 규정도 없습니다. 암웨이는 편리한 중앙 관리형 창고를 운영하고 있고 또 훌륭한 주문 및 배송 시스템을 구축했습니다. 따라서 사업자들은 대량의 재고를 구매하거나 유지할 필요가 없습니다.

● 모든 제품에 최고 수준의 품질보증을 적용하므로 고객과 사업자는 어떤 이유에서든 제품에 불만이 있을 경우 대부분의 지불 금액을 환불받을 수 있습니다. 피라미드 조직의 경우 두어 달 운영하다가 사라지는 사례가 많아 품질보증기간을 제시해도 그다지 의미가

없습니다.

● 피라미드 조직은 그 운영기간이 짧아 역사라고 할 만한 것이 없습니다. 반대로 암웨이는 오랜 역사를 자랑해도 좋을 만큼 오래전부터 영업 활동을 꾸준히 이어왔습니다.

암웨이는 더 많은 자유 시간을 누리게 하나요, 아니면 성공하기 위해 많은 시간을 할애해야 하나요?

어떤 사업에서든 마찬가지지만 암웨이 사업에서 성공하려면 많은 노력을 기울여야 합니다. 특히 초기에는 시간과 헌신이 더 많이 필요합니다. 암웨이의 통계조사에 따르면 대부분의 사업자가 이 부분을 충분히 직시하고 있습니다.

하지만 암웨이 사업은 운영상의 유연성이 매우 큽니다. 일반적인 직장에 다니는 샐러리맨과 달리 암웨이 사업자들은 원하는 때에 자신의 페이스와 일정에 맞춰 스스로 정한 목표에 따라 재택근무로 일할 수 있습니다. 가령 오후에 학교수업을 듣거나, 골프 약속이 있거나, 친구와 만날 약속이 있을 경우 일하는 일정을 조정할 수 있습니다.

암웨이 사업을 위해 일하는 시간이나 장소 선택은 암웨이 사업자의 몫입니다. 이처럼 훌륭한 유연성은 암웨이 사업이 전 세계 수많은 사람들에게 매력적으로 다가가는 중요한 이유이기도 합니다.

Amway Story

제6장

풍요로운 삶을 향한 집념

암웨이에 입사한 나는 수습기간 동안 회사 내 모든 부서의 일을 배우며 경험을 쌓아갔다. 연구개발부에서는 암웨이의 비전을 향한 집념, 용의주도함, 끈질긴 노력을 직접 확인했다. 흥미로웠던 점은 내부에 유수의 R&D 과학진이 포진해 있었음에도 불구하고 다수의 훌륭한 아이디어가 암웨이 사업자와 제품 사용자들이 보낸 편지에서 비롯되었다는 사실이다. 그들은 화장품 제작 관련 애플리케이터부터 전기발전기에 이르기까지 모든 부분에서 아이디어를 내고 있었다.

사업자와 사용자들은 지금도 회사에 편지를 보낸다. 암웨이가 그들의 깊은 생각을 존중하고 그들의 아이디어에 귀를 기울이며 모든 일에서 풍요로움을 향한 집념을 내세우고 있기 때문이다.

그 집념 덕분에 나는 회사가 앞으로 성장해 나가는 과정에서 기술의 역할이 대폭 늘어날 것이라는 점을 깨달았다. 또한 회사는 내게 자동화란 인력을 대체하는 것이 아니라 단순 반복적인 일이 아닌 지적 자극과 생산성을 부여하는 업무에 집중할 자유를 준다는 것을 알려주었다. 자동화를 통해 경쟁력을 유지하는 암웨이는 회사 규모가 점차 늘어나면서 더 많은 인력을 충원해 수요에 부응해야 하는 지점에 도달했다.

암웨이 직원으로서 관리 교육을 받던 중 나와 내 아내 베티는 암웨이 사업자로도 활동하기로 결심했다. 암웨이라는 제조사의 소중한 가치가 회사 공장에서 사업자와 고객의 가정 및 삶으로 전파되는 모습을 직접 보았기 때문이다. 나는 암웨이 제품의 우수성이 사용자의 삶과 환경에 영향을 주는 모습을 보았다.

-딕 디보스(Dick Devos), 《불멸의 가치관》

딕 디보스는 암웨이의 주요 가치관 중 하나인 '풍요로운 삶을 향한 집념'에 집중적인 관심을 보였다. 제이 밴 앤델 역시 자서전 《영원한 자유기업인》에서 이러한 집념을 거듭 강조하고 있다.

그렇다면 암웨이의 '풍요로운 삶'을 향한 집념은 행동으로 이어지고 있을까?

많은 기업이 얼핏 보기에 그럴싸한 슬로건을 만들어 광고나 제품 포장에 사용한다. 하지만 내막을 깊이 파고들면 그 슬로건은 제품의 품질이나 서비스 차원에 반영하지 않는 공허한 메아리에 불과한 경우가 많다. 나는 내 저서 《성공을 위한 선택》에서 이렇게 말한 바 있다.

"사람들은 '풍요로움'을 지향하는데 그 가치를 충족시키는 것으로 성공, 부, 성과, 우아한 삶 등을 꼽는다. 실제로 가난에서 비롯된 불행한 일들은 우리에게 안타까움을 불러일으킨다. 빈곤에 허덕이는 민족과 국가들을 보노라면 참담한 심정에 놓인다. 기아에 시달리는 아이들을 떠올리면 마음이 무겁고 죄책감마저 들며 미국에서 우리가 누리는 막대한 부를 다시 생각해보게 된다. 우리가 잊지 않아야 하는 사실은 가난한 이들은 다른 가난한 이들을 도와줄 수 없다는 점이다.

우리는 각자 자신의 생각을 표현하고 각자의 신념을 피력하며 살아가고 있다. 단, 신념을 효과적으로 피력하려면 먼저 믿음이 있어야 한다. 그것은 자신에 대한 믿음, 조물주에 대한 믿음, 확고함에 대한 믿음이다. 신념이 자리를 잡으면 그것을 말로 표현하는 것은 생각보다 훨씬 더 쉽다."

제이 밴 앤델은 풍요로운 삶을 위해서는 어느 정도 희생이 필요하다고 언급했다.

"우선순위가 높은 목표를 달성하기 위해 시간과 노력을 투자하려면 삶에서 즐거움을 어느 정도 포기해야 한다. 사람들이 달성하려는 목표가 무엇이든 때론 어떤 형태의 희생이 필요하다. 암웨이는 성공을 낳고 그 성공은 사람들에게 풍요를 안겨준다. 성공하는 사람들은 자신이 성공할 수 있음을 믿고 풍요로운 삶을 위해 몇 가지는 포기할 각오를 다지기 때문에 계속해서 성공가도를 달린다. 이것은 내가 지금까지 명백한 사실을 토대로 거듭 강조해온 내용이다."

실제로 수많은 기업이 풍요로움을 향해 나아가지만 밴 앤델은 이렇게 경종을 울렸다.

"사람들은 생활수준이 언제든 추락할 수 있다고 여긴다. 왜 그럴까? 그것은 평범함에서 벗어나 높은 수준의 삶을 살아갈 수 있다는 믿음이 부족하기 때문이다. 너무 많은 사람이 노력은 아주 조금만 하고 결과는 최고로 바라는 마음이 강한 탓에 희생 없이 일확천금을 노린다.

당신은 평범한 삶에 안주할 것인가, 아니면 더 높은 수준의 풍요로운 삶을 향해 나아갈 것인가? 그 답은 당신에게 달려 있다."

저명한 신학자이자 저자로 암웨이와 오랜 인연을 맺어온 로버트 슐러(Robert Schuller)는 암웨이의 업무 윤리관을 지지한다며 사업자들을 대상으로 한 세미나에서 이런 의견을 피력했다.

"사람들의 삶의 질은 풍요로움을 향한 집념과 직접적으로 비례한다."

그는 과녁판처럼 중심은 같고 반지름은 다른 여러 원들의 이미지를 토대로 설명했다. 각 원은 중심에 가까워질수록 크기가 작아지고 원의 정중앙에는 '당신(YOU)'으로 표기되어 있다. 각각의 원은 그 사람의 시야와 강점을 상징한다. 각 원이 나타내는 시야와 강점을 믿고 나아가 총체적인 관점에서도 그것을 믿으면 폭넓은 시야와 강점을 지닌다는 의미다. 바깥 원에서 안쪽 원에 이르기까지 스스로 **내면의 강점을 키워가는 데 활용할 수 있는 여섯 가지 기본 신념**은 다음과 같다.

- **종교적 신념**

  종교가 무엇이든 조물주를 향한 믿음으로 자신의 강점을 키워갈 수 있다.

- **국가적 신념**

  애국심이 강한 사람은 자국의 국제적 위상에서 직접적인 영향을 받는다.

- **개인사업적 신념**

  독립적인 개인사업이 인류 역사가 시작될 무렵부터 유지되어왔음을 인지하고 자기사업의 가능성을 믿는 이들에게 성공과 풍요로운 삶의 기회가 주어진다.

- **지역사회적 신념**

  도시든 농촌이든 사는 곳에 상관없이 자신이 거주하는 지역사회에서 활동하고 성장의 일원이 되려는 신념을 보인다.

- **가족적 신념**

  대가족이든 핵가족이든 지금의 자신이 있게 한 뿌리에 자부심을 갖는다.

- **개인적 신념**

  가장 중요한 신념으로 이는 자신을 믿고 목표 달성과 풍요로운 삶을 향해 나아가는 집념이다.

리치 디보스와 제이 밴 앤델은 수년에 걸쳐 암웨이에서 과연 성공할 수 있을지 확신이 서지 않는다고 말하는 수백 명의 잠재사업자와 대화를 나눴다. 잠재사업자들은 대개 이렇게 묻는다.

"저는 조금도 특별할 것이 없는 평범한 사람입니다. 제가 실제로 목표를 달성할 수 있을까요?"

두 창업자의 답은 이렇다. 모든 사람에게는 각자 그 나름대로 개성과 특별함이 있다! 조물주가 세상에 내보낸 모든 사람에게는 각자 재능이 있다. 그 재능을 찾아내 영감과 동기를 부여하고 행동으로 옮기면 누구나 원하는 것을 이룰 수 있다.

풍요로움을 지향하며

암웨이는 초창기부터 사업자들과 잠재사업자들을 대상으로 한 각종 도서, 연설, 자료에서 줄곧 다음의 질문을 해왔다.

> 보다 풍요롭고 의미 있는 삶을 살기 위해 어떤 행동을 하고 있는가? 어떻게 하면 자신의 껍데기를 벗어던지고 밖으로 나올 수 있을까? 지금 하거나 앞으로 할 일을 즐겁게 하기 위해 혹은 지금 하는 일을 더 잘하거나 행복하게 하기 위해 어떤 노력을 기울이는가?

신념을 갖도록 용기를 북돋워주는 것이야말로 암웨이가 제공하는 가장 소중한 선물이자 위 질문들에 대한 답변이다. 아주 많은 사람들이 자신은 '해낼 수 없다'고 말한다. 또한 다른 사람들 앞에서 말하는 것은 너무 힘들다고 한다. 사실 그들은 새로운 모험에 도전하는 법을 가르쳐주는 적절한 연수나 교육을 받은 적이 없다.

사람들은 자신이 무언가를 할 수 없다고 확신하면 아무리 많이 가르치고 목표 달성에 관한 세부 정보와 조언을 제공해도 시도조차 하지 않는다. 이미 자기 자신에게 '어차피 나는 못하니까'라는 주문을 걸어놨기 때문이다.

적절한 동기부여를 받지 못하거나 의구심을 보이는 사람은 스스로를 과소평가하고 새로운 일과 관련된 모든 세세한 사항을 골칫

거리로 여긴다. 전에 해본 적 없고 또 자신감을 얻을 만큼 성공해본 경험이 없기에 특정 업무를 수행하거나 목표를 달성할 수 없으리라 여기는 것이다. 하지만 그들에게 신념이 생기면, 자신이 하는 일을 믿고 동기부여를 받으면, 세부적인 사항까지도 스스로 잘 파악해 나간다.

암웨이의 성공 철학은 항상 두 부류의 사람들에 빗대 신념을 설명한다. 한 부류는 자신을 상황의 희생양이라 믿고, 다른 한 부류는 자신이 상황을 제어할 수 있다고 믿는다. 후자의 경우 신념이 있고 스스로를 믿기 때문에 불가능할 것 같은 상황에서도 가능성을 이끌어낸다.

중요한 것은 '지금 바로' 실천으로 옮겨야 한다는 점이다. 암웨이의 ABO 트레이닝 매뉴얼에는 이렇게 적혀 있다.

"세상에는 타인에게 혹사당하면서 일하는 사람이 많은데 안타깝게도 이들은 좀처럼 변화를 위한 시도를 하지 않는다. 단지 새로운 변화를 일으킬 적합한 타이밍을 마냥 기다릴 뿐이다. 남녀를 불문하고 많은 사람이 자신에게 적합한 상황이 오기를 기다리도록 장려하는 분위기에서 성장해왔다.

그러나 성공하는 사람들은 가만히 앉아 변화가 일어나길 기다리지 않는다. 오히려 그들은 스스로 변화를 주도한다! 그들은 어떤 일을 할 것인지 직접 결정한다. 변화를 가로막는 온갖 시시콜콜한 핑계, 이를테면 아침에 침대의 어느 쪽에서 몸을 일으켰는지, 아침에 일어났을 때 기분이 어땠는지 등은 중요하지 않다.

변화를 시도할 때 모든 조건이 완벽할 수는 없다. 사람들은 흔히 새로운 일에 도전하기에는 나이가 너무 많다거나 적다는 등 안 되는 이유를 늘어놓기 일쑤다. 무언가를 하고자 노력하지 않는 것은 자신에게 주어진 상황을 제어하는 법을 터득하지 못했음을 의미한다."

암웨이의 업무 윤리에서는 동기부여가 사람들에게 힘을 실어주며, 신념은 비현실적이고 허황된 꿈이 아닌 자신의 역량으로 최대한 달성할 수 있는 수준의 개인적 목표를 추구하는 사람들을 위한 나침반이라고 가르친다. 이때 확고한 신념이 있는 사람은 항상 풍요로움으로 향하는 길에서 유리한 고지에 서 있다고 간주한다.

태도 역시 암웨이의 성공 철학에서 중요한 역할을 한다. 긍정적인 태도가 일의 성취에 크게 기여한다는 점에 반박할 사람은 거의 없을 것이다. 단, 긍정적인 태도의 한계선을 정해둘 필요는 없다. 사회에 적응하고 효율적으로 생활하려면 인생 전반에 걸쳐 긍정적이고 희망에 찬 가치관이 필요하기 때문이다. 회의감에 빠져든 삶에는 실망과 패배가 연속적으로 나타나게 마련이다.

리치 디보스는 늘 다음과 같이 말했다.

"미국은 전통적으로 긍정적인 태도를 장려해왔다. 만약 미국이 부정적인 태도로 일관했다면 오늘날의 미국은 존재하지 않을 것이다. 긍정적인 태도가 없었다면 초창기에 누가 온갖 위험과 미지의 상황에 맞서 미 대륙 탐험을 감행했겠는가?

신생국가 미국이 신정부에 주어진 온갖 사안을 정면 돌파한 것도, 새벽부터 밤까지 일해 회사와 산업을 일으키거나 농사를 지은 것도, 복수의 칼을 뽑아든 적국의 억압에 맞서 싸울 수 있었던 것도 모두 미국인에게 긍정적인 태도가 뿌리박혀 있었기 때문이다. 다행히 오늘날 우리는 때로 사회의 지탄을 받는 선택일지라도 확고한 신념 아래 긍정적인 태도로 행동에 옮길 수 있다. 조상들의 긍정적인 태도와 뚝심에 관한 기록을 참고하면서 말이다. 마찬가지로 암웨이는 용기를 내 우리의 강한 신념을 이어가고 있다."

풍요로움과 동기부여의 상관관계

암웨이의 전통에 비춰볼 때 풍요로움을 확신하는 것은 동기부여와 직접적으로 연관되어 있다. 동기부여는 결핍이나 필요에서 비롯된다. 돈을 갈망하는 것은 그릇된 동기부여가 아니다. 실제로 생활방식, 생활수준, 환경, 교육 등의 개선을 바라는 것은 다양한 동기부여의 힘을 나타내는 상징이다.

안정적인 삶도 동기부여를 하는 목표다. 자기만족은 물론 독립성도 마찬가지다. 물론 돈이나 물질적인 것보다 자아실현에서 더 큰 만족을 느끼는 사람들도 있다. 예를 들어 어떤 사람은 마음에서 우러나 재정적 보상이 없거나 미미한 사회봉사를 하면서 만족을 얻는다.

반대로 '역(逆)동기부여' 개념도 있다. 슬럼가에서 유년 시절을 보내다 가까스로 탈출해 역경을 딛고 성공한 사람들의 경우가 대표적이다.

암웨이는 줄곧 동기부여가 긍정적인 힘을 발휘하고 자기 확신을 주며 고통과 번민에서 벗어나 보다 건설적인 목표를 향해 나아가게 한다고 믿어왔다. 가장 중요한 것은 사업자에게 이 개념을 토대로 한 자기 확신이 있어야 한다는 점이다.

자기 확신으로 자신감이 가득한 분위기를 연출하는 데는 두 가지 방법이 있다. 하나는 주위 환경을 긍정적 요소로 가득 채우는 것이다. 다른 하나는 머릿속에서 부정적인 생각을 떨쳐내는 일이다.

사업자들은 자주 연락하는 지인들의 태도를 유심히 관찰하고 인지하라는 교육을 받는다. 이는 타인의 흠을 찾아내 흉을 보거나 부정적인 생각으로 가득한 이들을 멀리하고, 사적인 이익만 추구하면서 자기중심적인 사람들의 주장에 휘둘리지 않도록 하기 위해서다.

또한 암웨이는 사업자들에게 뒤를 돌아보지 말고 늘 앞을 보고 나아가라고 권한다. 어느 골프선수가 말했다.

"방금 실수한 샷을 뒤돌아보는 골프선수는 다음 번 샷에도 실수할 확률이 높다. 지난 과오에 집착하지 않고 자신이 잘하고 있는 부분에 집중하라.”

미국의 제3대 대통령 토머스 제퍼슨은 “진정한 리더는 사람들을 리드할 뿐 아니라 리드하는 법을 가르친다”라고 말했다. 암웨이는 사업자들에게 제퍼슨 대통령이 생각하는 진정한 리더를 롤모델로 삼으라고 권한다. 신규 리더 발굴과 협업으로 사업을 구축하는 암웨이에서 이러한 리더십은 전통의 핵심이다.

긍정주의 vs. 부정주의

암웨이 사업자들은 트레이닝 프로그램, 세미나, 랠리, 컨벤션 등의 커뮤니케이션 활동을 통해 수년에 걸쳐 리더십을 다음 세대에게 인계하는 과정에서 ‘긍정적 마인드를 강화하는 법’을 익혀왔다. 예를 들어 암웨이는 학습과 자기개선을 위한 자료를 선정할 때도 긍정적 마인드를 핵심 가치로 삼는다.

바쁜 현대인이 사람들에게 영감을 줄 만한 내용을 읽거나 보거나 듣는 일이 항상 쉬운 것만은 아니다. 더구나 정보가 홍수처럼 쏟아지는 바람에 사람들은 읽거나 보거나 듣고 싶은 내용을 선택하려 할 때 애를 먹는다. 미디어는 콘텐츠 증식을 멈추지 않기 때문이다.

우리의 부모와 조부모 세대가 살던 시절에는 정보 제공 형태가

극히 제한적이었으나 지금은 TV, 라디오, 이메일, 인터넷, CD, 메시지 녹음기, 수십 가지의 전화기 등 소통 속도를 끌어올리기 위한 방식과 기기가 방대하다.

성공한 사업자들은 자신이 후원하는 사람들에게 더 나은 삶, 즉 풍요로운 삶을 향해 나아가려 할 때 긍정적인 말을 하고 부정적인 말은 하지 않도록 연습하라고 권한다. 정보를 검색할 경우 긍정적인 내용이 부정적인 내용의 10퍼센트만 되어도 생각을 정리하고 판단을 내리는 것이 한결 쉽다. 그러므로 부정적이고 불필요한 내용은 걷어내고 대화를 시작하는 것이 바람직하다.

한편 독서는 혼자 자신의 페이스에 맞게 할 수 있는 중요한 활동으로 사실과 의견을 되짚어보거나 진중하게 평가한다는 점에서 매우 중요하다. 반면 TV의 경우에는 수많은 메시지를 빠른 속도로 여과 없이 무작위로 쏟아내기 때문에 진중하게 정보를 취득하기 어렵다.

다운라인을 후원하는 과정에서 가장 커다란 골칫거리는 리더들이 까다로운 질문을 하는 사람들을 상대하는 일이다. 그들은 줄곧 회의적인 자세로 도중에 그만두었거나 실패한 사람 등의 부정적인 사례를 언급하며 질문을 던진다.

"막대한 시간과 노력을 들이지 않아도 된다는 사실을 어떻게 알 수 있나요?"

"내가 사업에 성공할 수 있다는 것을 어떻게 보장하나요?"

이때 리더들은 부정적인 사례는 대부분 적재적소에 필요한 변화를 받아들여 실천하지 않은 결과라고 답변한다. 암웨이는 다가올 변화를 학습하고 예상함으로써 준비태세를 갖추도록 교육하는 것으로 오랫동안 높은 명성을 유지해왔다. 한마디로 풍요로운 삶을 향한 집념은 교육에 대한 집념과 일맥상통한다.

드림 빌딩의 대가

암웨이 크라운 앰배서더 핀에 도달한 버디 예거(Birdie Yager)는 환호하는 수천 명의 사업자 앞에서 이렇게 말했다.

"우리 각자의 인생에서 기회는 평생 서너 번밖에 찾아오지 않습니다. 그 기회 앞에서 어떤 결정을 내려 행동할지는 개개인의 몫이죠. 자신이 하고 있는 일이 옳다는 믿음이 있어야 합니다."

이것은 그녀와 그녀의 남편 덱스터가 오랫동안 암웨이 사업자로 활동하면서 이룬 성과를 인정받아 네트워크마케팅 협회로부터 평생공로상을 수상했을 때의 수상소감이기도 하다.

암웨이 사업기회를 접한 예거 부부는 여러 차례 망설인 끝에 1964년 무일푼으로 암웨이 사업을 시작했다. 그들이 협회가 주는 평생공로상을 수상할 당시 〈포브스〉지가 보수적으로 집계한 바에 따르면, 그들은 10만 명의 사업자 네트워크를 구축한 상태였다. 그들이 정확한 수치를 공개한 적은 없지만 협회는 이렇게 발표했다.

"예거 부부는 성공적인 많은 네트워크 마케팅 회사의 액티브 사업자 전체보다 더 많고 더 적극적인 사업자를 다운라인으로 두고 있다."

그들은 어떻게 그토록 엄청난 성과를 거둔 것일까?

덱스터는 자신의 저서 《백만장자의 정신(Millionaire Mentality)》에서 '성공을 향한 다섯 가지 비결'로 꿈, 태도, 일, 적절한 이동수단, 반복을 꼽았다. 그는 이렇게 말했다.

"사업을 하다 보면 단순히 높은 핀을 달고 수익을 더 올리는 것에 연연하지 않게 된다. 나는 내가 하는 사업이 미국의 정신과 꿈을 나타내고 궁극적으로 미국인을 대변한다고 생각한다. 암웨이는 사업으로 단지 나만 잘되는 것이 아니라 다른 이들이 성공하도록 돕는다는 차원에서 타인의 삶도 반영하고 있다."

예거의 철학은 타인을 향한 사랑과 배려에서 우러나오는 행동을 중요시한다. 이와 관련해 예거는 다음과 같이 말했다.

"서로에 대한 불신이 만연하는 오늘날 나와 여러분 같은 사업자들은 믿을 만한 사람이라는 인식을 줄 수 있다. 또한 그 어느 때보다 사랑이 절실하게 필요한 현대사회에서 우리는 '사랑합니다'라고 말할 기회를 활용할 수 있다. 사람은 사람을 필요로 한다. 그러한 니즈와 결핍을 충족시킬 때 우리는 그에 상응하는 보상을 받는다. 우리는 금전적 보상을 초월해 다른 누군가를 돕는다는 뿌듯함이 안겨주는 만족감을 기대해야 한다.”

'드림 빌딩의 대가'로 알려진 덱스터는 언제나 각자 신념을 가질 만한 의미 있는 꿈을 키워야 한다고 강조한다. 특히 그는 “꿈의 탱크를 꿈으로 채워 넣으라”고 권하며 '꿈이 없는데 어떻게 꿈을 실현할 수 있겠는가?'라는 오래된 유행가 가사를 인용해 자신의 꿈을 믿으라고 피력한다.

진정한 성공이란 무엇인가? 덱스터는 성공을 이렇게 정의한다.

“성공은 가치 있는 꿈을 점진적으로 달성하는 것이다. 실질적인 성공을 당연한 것으로 받아들여서는 안 된다. 목표를 달성하는 것, 무엇보다 가치를 달성하는 것은 만만한 일이 아니다. 노력 없이도 목표 달성이 가능하다면 목표를 달성하는 의미조차 없을 것이다. 시대를 초월해 불변하는 하나의 사실이 있다. 그것은 적수 중의 적수인 '실패에 대한 두려움' 때문에 꿈이 내면에 갇혀버리면 그것을 달성할 수 없다는 사실이다. 꿈을 달성할 수 있다는 확신으로 꿈에 자유의 날개를 달아주어라.”

자유기업의 원칙

암웨이의 영업방식, 제품생산 그리고 1만 4,000만 여 명의 직원에 대한 기업 정책이 풍요로운 삶을 향한 집념을 바탕으로 한다는 것은 앞서 충분히 설명했다.

그러면 사업자는 어떨까? 독립적으로 각자 자유롭게 사업을 할 경우 '풍요로움'이라는 암웨이의 콘셉트는 전 세계 여러 국가에서 매일 일어나는 영업 활동에 어떻게 녹아들어 발현될까?

암웨이는 자유기업을 향한 미국식 사고방식을 적극 지지한다. 이것은 지속적인 영감과 수준 높은 전문성을 바탕으로 한 풍요와 이익 추구를 중요시하는 것이 골자다. 암웨이 철학의 중심에는 자유기업의 미덕과 혜택에 관한 강한 신념이 자리하고 있다. 이러한 가치는 암웨이에 성공을 안겨주었고 이는 미래의 사업자들도 같은 기회를 누리도록 보존해야 하는 가치다. 이처럼 암웨이는 학문적 경제 논리를 기반으로 자유기업을 복잡다단하게 해석하는 것이 아니라 기본적이고 현실적으로 받아들인다.

자신이 사업을 하리라고 전혀 생각지도 않던 사업자들을 세상 속으로 뛰어들게 하는 암웨이의 신념은 처음부터 확고했다. 사람들이 독립적인 사업자, 즉 자기 배의 선장이 되게 하는 것이 자유기업의 개념이다.

암웨이 사업의 매력이 바로 여기에 있다. 제이 밴 앤델은 과거를 이렇게 회고했다.

"우리는 창립 시점부터 물질적 수익을 거두는 것 이상의 목표를 달성하려 했다. 자유기업제도는 GM 같은 대기업의 쥐락펴락하는 정책에 따라 휘청거리지 않는다. 소기업을 기반으로 하기 때문이다. 미국에만 소기업이 최소 1,500만 개에 달한다. 주유소, 이발소, 하드웨어 매장, 식료품 가게, 술집, 식당 등 분야가 굉장히 다양한 이들 소기업은 미국 자유기업제도의 근간을 형성한다. 모든 기업의 성공 스토리는 소기업으로부터 시작하지 않는가. 그 어떤 대기업도 하늘에서 뚝 떨어진 것이 아니라 소기업에 뿌리를 두고 있다."

리치 디보스는 회고록에 다음과 같이 기술했다.

"자유기업을 구상하기까지 단계별로 생각을 확대해 나갔다. 집 지하실에서 일하던 초기에 암웨이 콘셉트를 궁리하던 중 자기사업을 소유하고 운영하는 것, 사업에 쏟은 노력만큼 보상을 받는 제도 등을 떠올렸다. 이것은 우리의 확고한 신념에서 나온 생각이있다. 우리는 처음부터 암웨이가 주요 가치를 대변해야 한다고 생각했다. 심사숙고한 끝에 우리는 암웨이의 근간은 자유기업의 원칙이어야 한다는 데 의견을 모았다."

암웨이 사업자들은 초창기부터 핀 달성 여부와 무관하게 자유기업과 풍요로운 삶을 향한 집념이라는 개념을 널리 전파해왔다. 특히 신규 사업자를 후원할 때 이들은 자유기업제도에 참여하도록 사업적으로 적극 지원했다. 관련 대화, 강의, 자료도 중요하지만 사업적으로 직접 지원하는 것만큼 개념을 효과적으로 전달하는 방법도 없다. 덕분에 신규 사업자는 사업의 성장 과정에서 흔히 부침을 경험하지만 동시에 사업 운영에 필요한 새로운 관점을 얻는다.

암웨이가 생각하는 개인의 자유는 경제적 자유에서 비롯된다. 밴 앤델은 이렇게 얘기했다.

"자유와 자기사업은 신체의 일부가 결합된 샴쌍둥이에 비유할 수 있다. 서로의 존재 없이는 생명을 이어가기 힘든 이들처럼, 사람들에게 자기사업을 할 자유를 주고 자유경제 시장에서 경쟁하도록 유도하는 전략은 그 어떤 경제적 접근방식보다 우수하고 생산적이다."

암웨이의 성공한 사업자들은 기회가 있을 때마다 이런 생각을 반복적으로 주장해왔다. 이것은 오리건 주에서 더블 다이아몬드 핀을 달성한 롭과 메릴린 토비의 강의 내용에도 잘 나타난다.

"우리의 상사는 우리 자신이다. 우리는 사업자로서 막대한 노력을 들이지만 그것은 근무시간을 채우기 위해서가 아니라 스스로 열심히 일하기로 마음먹었기 때문이다. 이때 느끼는 자유는 매우 소중하며 우리 아이들에게도 물려주고 싶을 정도다. 그런 의미에서 자기사업과 암웨이 마케팅 플랜을 보존하고 유지하는 것은 아주 중요하다. 암웨이는 금전적 수익을 안겨주는 것은 물론 새로운 차원의 삶에 눈을 뜨게 해준다."

일과 생활에서 높은 수준을 유지하는 것은 사람들에게 영감과 용기를 주는 핵심이다.

암웨이 철학의 더 놀라운 점은 그것이 미국뿐 아니라 다른 나라에서도 커다란 호응을 얻고 있다는 사실이다. 도미니카공화국에서 함께 사업을 펼치는 에드워드와 파트리아 실파 부부는 이렇게 말했다.

"내 사업을 하면서 그 사업의 성장을 위해 자기절제를 터득해가는 생활이 참으로 뿌듯하다. 나아가 다른 이들의 꿈을 향한 잠재성을 일깨워준다는 점에서 크게 동기를 부여받는다."

암웨이는 기업 차원에서 개인의 인권과 재산권 보호에 필요한 최소 간섭 수준을 초월하는 정부의 태도에 반대하며 개인의 자기사업을 옹호해왔다. 이 노선은 재계를 틀어쥐려는 일부 정치인과 관료의 빈축을 사기도 했다. 그러나 암웨이 창업자들과 현 경영진은 개인사업자의 의지를 옥죄고 사업유지비용을 높이는 넘쳐나는 삼엄한 규제를 오래도록 반대해왔다.

디보스의 얘기를 들어보자.

"암웨이 사업자는 각자 모든 책임을 스스로 지며 자유재량에 따라 자기사업을 한다. 또한 스스로 의사결정을 내리고 소비자가 지불할 의향이 있는 제품 및 서비스를 얼마나 적절히 제공하는가에 따라 돈을 벌거나 잃는다. 범죄행위를 저지르거나 공익을 저해하지 않는 한 정부의 개입은 최소화해야 한다."

이러한 생각은 단순히 암웨이의 생활 철학이나 판매방식만 보여주는 것이 아니라 긍정적인 행동을 불러온다. 디보스와 밴 앤델은 학교의 경제교육이 실무보다 이론에 지나치게 치우쳐 있어 기업이 임금을 지급하고 확장하려면, 심지어 살아남으려면 이윤을 내야 한다는 점을 간과한다며 아쉬워했다.

오늘날 암웨이는 전 세계적인 글로벌 기업으로 성장했고 더불어 자유기업 개념과 풍요로운 삶을 향한 집념도 다른 국가에 널리 퍼져가고 있다.

드림 빌딩을 위한 긍정의 힘

자유기업 개념은 논란의 대상은 아니지만 민감한 사안이 될 수도 있다. 자유기업제도를 업무윤리이자 액티브한 사업의 촉매제로 받아들일 경우 성공한 기업이 불가피하게 감사 대상이 되고, 때로 억울하게 비난의 희생양이 되는 상황에 놓이기도 한다.

실제로 암웨이는 설립 초기부터 회원으로 등록할 때 수수료를 받고, 신규 회원은 다음 신규 회원을 영입해야 수익을 올리는 '피라미드 조직'이라는 비난을 견뎌왔다. 여기에다 여러 사기조직이 검거되면서 대중의 우려는 커져갔고 1969년 연방거래위원회는 몇몇 기업을 수사하기 시작했다. 당시 그 명단에는 암웨이와 뉴스킨도 포함되어 있었다. 그로부터 6년 후 그들은 암웨이에 정식 고소장을 발부

했다. 이후 2년간 암웨이는 혐의사실 조사, 진술서 확정, 구비서류 준비, 향후 청문회 준비 등 연방거래위원회와의 공방을 이어갔다.

1977년 5월 무려 3개월에 걸친 청문회가 시작되었다. 그때 거의 1년에 걸친 심의절차를 진행한 후 미국 행정부의 행정법판사는 대부분의 혐의를 기각하고 연방거래위원회의 보고서 내용과 동일한 판결을 내렸다. 보고서 내용은 다음과 같다.

> "연방거래위원회는 암웨이가 불법 '피라미드 조직'이 아님을 확정한다. 암웨이는 소비자를 대상으로 한 제품 유통을 제어하기 위해 자사 제품 사업자들에게 가격과 무관한 규정을 부여한 것으로 밝혀졌고, 비합리적인 거래 제재나 불공정한 거래방식을 활용하지 않았다. 암웨이 사업에 참여한 응답자들의 증언을 통해 몇몇 수익 관련 주장을 제외하고 암웨이가 사업자에게 사업 및 사업기회에 대하여 그릇되거나 오인할 수 있거나 속이는 주장을 하지 않은 것으로 판명이 났다."

오랜 공방을 뒤로하고 내려진 이 역사적인 판결은 마침내 논란을 불식했다.

꿈을 키우고 풍요로운 삶을 향한 집념을 불태울 수 있는가?
섀드 헴스테터는 암웨이 사업자들을 대상으로 한 강연에서 여러 차례나 '꿈을 키우는 긍정의 힘'을 강조하며 "이것이 암웨이에서 성공하는 중요한 요소 중 하나"라고 언급했다.

별다른 생각 없이 들으면 흔히 말하는 희망적인 사고 정도로 인식할 수 있다. 부와 명예를 거머쥔 사람처럼 될 수 있다는 꿈과 희망에 관한 얘기라고 지레짐작할 수도 있다.

하지만 목표로 하는 꿈에 도달하게 해주는 긍정의 힘은 학습하고 연습하고 실천하는 과정에서 발휘된다. 헴스테터는 "꿈을 키워가는 드림 빌딩의 첫 단추는 그 방식을 학습하는 것에서 출발한다. 자연스럽게 알게 되는 개념이 아니기 때문이다"라고 말했다.

드림 빌딩을 위한 긍정의 힘을 강조하는 암웨이는 사업자들에게 이루고자 하는 꿈을 생각해내는 법을 보여준다. 또한 누구나 따라할 수 있도록 가이드라인을 제공하는 한편 드림 빌딩 기술을 연습하고 일상에서 적용하는 법을 연마하도록 도와준다.

드림 빌딩은 풍요로운 삶을 향한 집념을 지향하는데 헴스테터는 그것을 청중에게 이렇게 설명한다.

"드림 빌딩은 높은 수준의 의미 있는 삶을 살아가는 자신을 상상하게 한다. 이는 살고 싶은 곳을 선택하고 하고 싶은 일을 하며 자신을 위한 '자신의' 미래를 선택하게 한다는 의미다."

한마디로 드림 빌딩은 자신의 '사고'를 제어하고 '신념'을 개선하며 '태도'를 공고히 하는 하나의 방법이다.

암웨이 사업자들은 대부분 상당히 긍정적인 사고방식의 소유자다. 그러나 노력이 필요한 다른 경우와 마찬가지로 사업과 인생 전반에 부정적 태도를 보이는 사람들도 종종 눈에 띈다. 이런 태도와 마주했을 때 활용할 수 있는 현명한 대처법을 여기 소개한다.

어느 다이아몬드 사업자가 이렇게 조언했다.

"처음에 나는 암웨이를 부정적으로 얘기하는 사람들과 의견 대립이 심해 논쟁을 벌이기도 했다. 그렇지만 지금 나는 변했다. 상대방의 예상과 달리 나는 그들의 말에 동조하기로 결정한 것이다. 나는 주로 '나도 제대로 알기 전까지는 그렇게 생각했기 때문에 당신이 어떤 기분인지 이해한다'라고 말한다. 내가 이런 반응을 보이면 비난하던 사람들은 놀라면서 내가 하려는 말을 더 경청하려 한다."

한 에메랄드 사업자는 겉보기에 부정적인 태도로 일관하는 사람도 내면에는 긍정적이고 밝은 면이 있음을 발견했다고 말했다. 그들은 다만 그릇된 생활방식, 잘못 선택한 일, 못된 상사 등으로 인한 스트레스 탓에 타고난 밝은 성격이 묻혀 있을 뿐이라는 얘기였다.

그는 부정적인 사람들이야말로 인생의 변화에 목말라하므로 오히려 최고의 잠재사업자라고 덧붙였다.

"그들은 자신이 불행하다는 사실을 알고 있지만 해결책을 찾지 못하고 있다."

그러면 부정적인 그들을 어떻게 긍정적으로 바꿔놓을 수 있을까? 그들의 삶을 바꿔줄 수단이 여러분에게 있음을 알려라. 절망을 느끼는 이들에게 희망을 선사하라. 여러분이 도움을 줄 수 있는 대상은 무궁무진하다. 학벌, 경험, 결혼 여부, 사회적 지위와 무관하게 누구나 암웨이 사업을 시작할 수 있다. 이것은 암웨이 사업의 긍정적인 측면 중 하나다.

누군가에게 도움을 주었을 때 그 사람의 눈빛이 반짝이고 얼굴에 미소가 번지는 모습처럼 뿌듯함을 주는 광경도 드물다. 긍정적인 태도와 강한 신념을 갖춘 여러분은 부정적인 태도로 일관하는 이들도 꿈을 이루도록 도와줄 수 있다.

- 신규 사업자용 스페셜 〈뉴스레터〉 기사에서 발췌

풍요로움의 가치

사람들은 '풍요로움'을 지향하는데 그 가치를 충족시키는 것으로 성공, 부, 성과, 우아한 삶 등을 꼽는다. 실제로 가난에서 비롯된 불행한 일들은 우리에게 안타까움을 불러일으킨다. 빈곤에 허덕이는 민족과 국가들을 보노라면 참담한 심정에 놓인다. 기아에 시달리는 아이들을 떠올리면 마음이 무겁고 죄책감마저 들며 미국에서 우리가 누리는 막대한 부를 다시 생각해보게 된다. 우리가 잊지 않아야 하는 사실은 가난한 이들은 다른 가난한 이들을 도와줄 수 없다는 점이다.

우리는 각자 자신의 생각을 표현하고 각자의 신념을 피력하며 살아가고 있다. 단, 신념을 효과적으로 피력하려면 먼저 믿음이 있어야 한다. 그것은 자신에 대한 믿음, 조물주에 대한 믿음, 확고함에 대한 믿음이다. 신념이 자리를 잡으면 그것을 말로 표현하는 것은 생각보다 훨씬 더 쉽다.

성공은 대체로 희생을 요구한다. 우선순위가 높은 목표를 달성하기 위해 시간과 노력을 투자하려면 삶에서 어느 정도 즐거움을 포기해야 한다. 포기할 준비가 되었는가?

사람들은 풍요로운 삶에 지대한 관심을 보이지만 그 가치는 실제로 떨어지는 추세다. 왜 그럴까? 평범함에서 벗어나 수준 높은 삶을 살 수 있다는 믿음이 부족해서다. 그러므로 우리는 어떻게 하면 믿음을 강화해 삶의 목표를 달성할 수 있는지 이해해야 한다.

여러분은 평범한 삶에 안주할 것인가, 아니면 풍요로운 삶을 향해 질주할 것인가? 선택은 여러분의 몫이다. 목표를 실현하고 싶은가, 아니면 여가를 보내거나 자동차를 구매할 때 돈이 부족해 허덕이겠는가?

많은 사람이 성공을 논할 때 직책이나 지위를 떠올린다. 그러다 보니 대형 원양어선의 여러 항해사 중 하나이기보다 작은 선박의 선장이길 바란다. 예외적인 경우도 있겠지만 직책이 높으면 그에 상응하는 수준으로 대접을 받고 허드렛일은 하지 않아도 된다고 믿는 탓이다.

지역사회 활동에 참여하면 '작은 선박'의 분위기를 느낄 수 있다. 규모가 크든 작든 지역사회에서 자원봉사를 하는 이들은 격식을 차리지 않은 아마추어의 지위를 누리기 때문이다.

지역사회에서 활동할 경우 인생의 새로운 목적을 찾거나 외로워하는 노년층을 많이 만난다. 이들을 특정 방향으로 이끌고자 한다면 고독을 떨쳐낼 무언가를 제공하라. 사람들은 대부분 가족이 있거나 안정적인 조직에 속해 있어도 어느 정도 외로움을 느끼며 살아간다. 사람들과 물리적으로 떨어져 있을 때뿐 아니라 남에게 인정받고 싶을 때도 외로움이 느껴진다. 그 외로움이라는 공백을 채워주는 것도 암웨이 사업을 위한 동기부여가 된다.

- 윌버 크로스의 《성공을 위한 선택》에서 발췌

드림 빌딩을 사업에 적용할 경우 다음의 세 가지 방식으로 힘을 강화해준다.

● 성공으로 이끄는 긍정적인 지시사항을 토대로 꿈을 설정하도록 '정신적 컴퓨터' 역할을 한다.

● '꿈을 간직한 사람들'이 일과 생활에서 중요한 사안을 구체적으로 선택할 수 있도록 용기를 준다.

● 사람들이 목표를 설정하고 그것을 달성하려는 간절한 바람을 간직하도록 장려한다.

이러한 내용으로 교육 프로그램을 진행해 참석자들이 '셀프 톡 (Self-Talk, 자신과의 대화)' 원칙을 학습하게 한다. 올바른 방향으로 꿈을 키우고 긍정적인 통찰을 구축하며 일상에 도움을 줄 습관을 들이도록 하는 것이 원칙이다.

Amway Story

제7장

사람의 힘: 북미에서의 큰 성장

일반적인 암웨이 성공 스토리는 대략 이런 식이다.

파트타임으로 암웨이 사업을 시작한 가정주부가 사업에서 성공하자 다람쥐 쳇바퀴를 돌 듯 직장생활을 하느라 지친 남편이 함께하면서 더 성공적으로 사업을 키워간다는 얘기다. 물론 처음부터 풀타임으로 자기사업을 시작했다가 도중에 포기하고 기존에 하던 일로 돌아가는 경우도 더러 있다.

폴 밀러는 암웨이 사업을 시작했다가 자신의 실적에 낙담했다. 하지만 그는 다시 한 번 도전했고 다행히 놀라운 성과를 거뒀다. 초기에 실패한 이유에 대해 그는 "암웨이 데모키트만 받아놨을 뿐 제품을 어디에서 출고하는지조차 몰랐다"라고 말했다.

살면서 어떤 모험을 하든 성공적이던 남자의 발언치곤 꽤 이례적이었다. 그는 심각한 등 부상에도 불구하고 노스캐롤라이나 대학 시절 쿼터백까지 맡은 공로로 용기 있는 학생상을 수상하기도 했다.

학구열도 대단했던 그는 1974년 법학과 경영학 석사 과정에 등록했는데, 당시 친구가 암웨이 사업의 실질적인 잠재력을 알려주었다. 그가 처음으로 후원한 사람은 자신의 여자친구 데비였다. 데비는 미소를 지으며 이렇게 말했다.

"폴과 나는 대학에서 연애를 했다. 졸업 후 나는 교편을 잡았고 폴과 3년 6개월의 연애 끝에 결혼할 준비를 했다. 그런데 폴은 나보다 암웨이 사업에 더 집중하는 것 같았다. 나중에 보니 암웨이 사업은 폴에게 좋은 영향을 주고 있었다. 그는 암웨이 사업을 함께하는 부부를 많이 봤고 그 모습을 보며 결혼을 결심한 것이었다. 암웨이는 폴이 자존감을 높이는 데도 일조했다. 치과의사를 꿈꾼 그는 화학시험에서 낙제점을 받은 뒤 진로를 변호사로 바꿨다.

이후 우리는 함께 암웨이 행사에 참석했는데 그곳에서 눈이 번쩍 떠지는 경험을 했다. 암웨이는 단순히 세제를 파는 회사가 아니라 사람들의 삶을 바꿔놓는 곳이었다. 암웨이 사업에 자부심이 생기면서 대담해진 우리는 사람들에게 전화를 걸기 시작했다.

대담함은 매우 중요한 요소였다. 우리보다 재정적 형편이 나아 다가가기에 부담스럽던 사람들에게도 우리가 전화를 걸었으니 말이다. 우리는 그들에게 특별한 무언가를 줄 수 있다고 확신했다. 흥미롭게도 가장 큰 관심을 보인 사람들은 오히려 그들이었다. 인생을 자기 주도적으로 살아가는 그들이 재도약할 준비를 갖추고 있었기 때문이다. 폴은 16개월 동안 거의 실적이 없다가 연이어 다섯 명을 후원했다. 6개월 후 우리는 PT가 되었다."

폴은 "성공한 사람들 중에는 자신의 일에서 막다른 골목에 놓인 사람이 꽤 많다. 그 순간 암웨이를 접한 이들은 암웨이 마케팅 플랜을 통해 성공 스킬을 활용하는 법을 배운다"라고 말했다.

데비는 "그들은 우리가 몰던 낡은 차나 좁은 아파트 따위에는 관심이 없었다. 우리의 다운라인 파트너 중 아홉 명은 우리가 기숙사에 살며 거의 무일푼이던 시절에 연락한 사람들이다. 그들은 우리가 암웨이 사업에 강한 신념을 보인다는 것을 알았다. 사업을 흥하거나 망하게 하는 것은 금전적 상황과 무관하다"라고 얘기했다.

일단 PT가 되면 높아진 소득을 사치품 구매에 사용할지 사업에 투자할지 선택할 수 있다. 대개는 돈을 더 많은 사람을 만나고 미래의 사업 잠재성을 높이는 데 활용한다. 폴과 데비는 장기적으로 큰 성과를 거두었고 더 많은 사람에게 기회를 제공했을 뿐 아니라 생활방식을 개선하는 동시에 세 명의 자녀와 함께하는 시간을 늘리고 원하는 일을 하게 되었다.

-〈아마그램〉 인터뷰에서 발췌

내가 공동 집필한 《풍요로운 삶을 향한 집념: 놀라운 암웨이 스토리》의 도입 부분은 "암웨이의 성공 비결은 사람에 있다"로 시작한다. 그리고 이렇게 덧붙이고 있다.

"암웨이 사람들에게 암웨이를 한마디로 설명하라고 하면 이렇게 대답할 것이다. 암웨이 사업을 결정한 이들의 열정과 단결심은 회사 내부뿐 아니라 외부에서도 보편적으로 높이 인정받고 있다!"

역사적인 몇몇 사업자의 성공 사례와 그들이 목표를 실현한 여정을 빼놓고는 암웨이의 역사를 논할 수 없기에 여기에 그들을 소개한다. 단, 이것은 암웨이 잡지 〈아마그램〉에 실린 내용으로 최고 사례나 가장 명예로운 사례를 선정한 게 아니라 수천 개에 달하는 유사 성공담 중에서 발췌한 것이다.

경기 불황 극복

에드 존슨의 인생은 성공의 연속이었다. 사업가 기질을 타고난 그는 비즈니스의 귀재로 이력이 인명사전에서나 볼 법할 정도로 화려했다. 그는 금융과 부동산의 거물급 인사일 뿐 아니라 텍사스 주 샌안토니오에서 가장 명성이 높은 법무법인을 이끌었다. 그러나 불황에는 장사가 없었다. 80년대 중반 텍사스에 불어 닥친 극심한 경기 불황은 그를 사면초가의 상황으로 몰아넣었다.

에드는 훗날 당시를 이렇게 회상했다.

"텍사스 경기가 불황에 빠졌을 때 내 사업과 가족도 타격을 입었다."

그와 그의 아내 이본은 비싼 집, 고급 자가용, 고가의 귀중품을 비롯한 모든 것을 잃고 무일푼이 되었다. 호화로운 삶에 익숙했던 이본은 생계를 위해 다시 일터로 나갔고 에드는 처음부터 다시 시작했다.

오늘날 부부는 함께 암웨이 사업을 하고 있다. 놀라운 사실은 불황기 동안 그들의 가정에 일어난 변화였다. 대학 시절이던 1965년 에드는 암웨이 사업자로 활동하다가 휴지기를 보낸 뒤 1978년 다시 활동을 시작했다. 두 번 모두 이본은 함께하지 않았다.

그런데 아들 마이클이 1992년 아버지 에드에게 암웨이 마케팅 플랜을 소개하자 부부는 함께 사업을 하기로 했다. 딸 힐러리도 사업자로 활동했고 또 다른 딸 미건은 가족 사업에 지원병으로 나섰다.

이본이 웃으며 "내가 사업을 하고 있다는 게 반전"이라고 말하자 에드가 맞장구를 쳤다. 이본은 "나는 항상 암웨이 사업을 탐탁지 않게 생각했다"고 말하며 "당시에는 파탄에 이른 재정 상태를 복구하던 중이었고 또 다른 실수를 감당할 자신이 없었다. 내가 그리던 삶은 나를 떠난 지 오래였다"라고 회상했다.

하지만 에드가 자신의 목표를 점검하고 삶을 색다른 방식으로 꾸려가려 했을 때 이본은 그의 생각을 지지해주었다. 둘은 흩어진 조각들을 한데 맞추며 삶을 재건하기 시작했다. 에드는 "암웨이 사업에는 긴박감과 열정이 필요하고 인내, 일관성 그리고 집념으로 사업에 임해야 한다"라고 했다.

그러던 중 그들 가정에 예기치 못한 최대 위기가 찾아왔다. 다이아몬드 핀을 달성할 무렵 수차례 편두통을 겪은 에드가 검진을 받았는데 뇌종양 판정을 받은 것이다. 결국 수술을 받은 에드는 회복하는 동안 병원에서 세 명의 의사와 여섯 명의 간호사를 사업자로 등록시켰고 결국 부부는 다이아몬드 핀을 달았다. 이는 사업을 시작한 지 62개월 후의 일이었다.

에드의 나빠진 건강 때문에 가족은 한때 패닉에 빠졌으나 부부는 그 역경을 재도약의 기회로 삼았다. 에드는 "변명 따윈 필요 없다. 중요한 건 실적이다"라고 말했다.

에드는 본업인 변호사직을 유지하면서 파트타임으로 암웨이 사업을 진행하고 있고 이본은 풀타임 사업자다. 집에 사무 공간을 마련한 두 사람은 주로 저녁시간에 사업설명을 하고 있는데, 열정적인 에드는 이렇게 말했다.

"우리는 진정한 암웨이 가족이다. 암웨이는 우리의 삶이자 즐거움이다. 우리는 친한 친구들을 모두 암웨이 사업자로 등록시켰다.

행복 가득한 하나의 대가족이 된 느낌이다. 진심으로 만족한다."

암웨이를 위한 쿼터백 플레이

70년대에 팀 폴리는 마이애미 돌핀스 구단 팬들의 우상이었다. 특히 1972년 쿼터백으로 활약한 그는 완벽한 17:0의 완승으로 시즌을 마감하게 한 일등공신이었다. 그러나 운동선수라면 누구나 느낄 법한 불안감이 팀에게도 찾아왔다. 선수생활이 그리 길지 않았으므로 그도 결국 미래를 위해 다른 목표를 설정해야 했다. 새로운 일을 탐색하던 팀과 그의 아내 코니는 암웨이를 선택했는데, 그때 팀은 과거의 명예를 뒤로하고 새내기 사업가로서 겸손한 자세로 임해야 한다는 것을 깨달았다.

"처음 사업을 시작했을 때, 나는 여러 조언에 마음을 열어두지 않았다. 더구나 미국 북부 도심에서 유년 시절을 보낸 나는 노스캐롤라이나의 작은 마을 출신인 업라인 사업자와 많이 달랐다. 당시 나는 '저 사람이 성공했다면 나라고 못할 이유가 없지'라고 생각할 만큼 다소 거만했다. 하지만 점점 둘 사이의 명백한 차이가 눈에 들어왔다. 그에게는 돈이 있었고 나는 파산한 상태였으니 말이다. 나는 성공하려면 군소리 말고 경청해야 한다는 것을 깨달았고 다행히 내 업라인 사업자는 인내하며 나를 대해주었다."

팀은 그때 터득한 교훈을 잊지 않고 말했다.

"사람들은 자신의 전공 분야를 토대로 결정하거나 판단하는 경향이 있다. 그러나 암웨이 사업에서 학력은 중요하지 않다. 암웨이에서 성공하는 데 이전의 전문직은 큰 의미가 없다. 오히려 이제까지 성공과 거리가 멀던 사람이 암웨이에서 큰 성공을 거머쥐기도 한다. 그런 사람들을 보면 초기의 선입견이 눈 녹듯 사라진다. 이는 경험을 통해서만 알 수 있는 사실이다."

전업주부였던 코니도 초기의 경험을 들려주었다.

"나는 사업과 거리가 먼 사람이었다. 집에서 아이들을 양육하는 것이 내 생활 반경의 전부였고 그 이상을 넘어가는 시도는 내게 도전이었다. 암웨이 사업을 위해 대인관계 기술, 리더십 기술을 익히기 시작했는데 그 과정은 임신과 닮은 듯하다. 과정이 녹록치 않지만 고대하는 결과가 있기 때문이다."

마음이 따뜻한 그녀는 지금 사람들과 함께 일하는 데서 보람을 느끼고 있고 사업 파트너들과 가장 가까운 친구로 지낸다.

"남편도 나도 사업가로서의 포스는 부족하다. 사업 파트너들을 만나면 가급적 마음을 편하게 해주려 노력한다. 그들의 현재 상황을 파악하고 어떤 노력을 하는지 경청하며 효과적인 사업 방식과 그렇지 않은 것을 논의한다. 일이 힘들 때면 내게 기쁨이 가득하던 순간을 떠올린다. 그런 순간을 생각하면 기분이 가라앉을 이유가 전혀 없어진다."

팀은 NFL 시절을 떠올리게 하는 유일한 흔적인 슈퍼볼 우승반지를 보면서 말했다.

"그 시절 나는 암웨이 사업자가 되는 것이 신이 내게 주신 가혹한 소명이라면 달게 받겠다고 생각했다."

코니는 낙천적 성격을 타고났지만 자신과 남편이 어린 두 자녀 케이트와 토미를 위해 꿈꾸던 삶을 이룰 수 없을 거라는 두려움에 흐느끼기도 했다고 털어놓았다.

"어느 순간 아이들을 위해 모은 돈까지 털어 빚을 갚아야 했다. 정말 비참했다. 그날 은행에서 돌아오는 길에 우연찮게 타이어에 구멍이 났다. 그때 나는 멍하니 서서 타이어를 바라보며 다 때려치우고 싶다는 생각을 했다."

훗날 딸 케이트가 결혼한 뒤 부모와 함께 암웨이 사업을 하고 토미가 대학에 입학하면서 부부의 삶은 안정을 찾았다. 이제 노후를 즐기며 편안하게 살아도 될 정도였지만 둘은 부엌 식탁에 나란히 앉아 목표와 계획을 구상했다. 그리고 1997년 크라운 핀(Pin : 암웨이에서의 성취단계)을 달성한 후 크라운 앰배서더가 되는 명예를 누렸다. 그들은 어떻게 정상에 올랐을까? 트리플 다이아몬드에서 멈추거나 크라운 핀에서 안주하지 않은 이유는 무엇일까?

운동선수의 승부욕이 뼛속까지 배인 팀은 간단하게 "달성할 목표가 남아 있었기 때문"이라고 대답했다. 승부욕이 제2의 천성인 그는 "가능성이 있으면 당연히 그것을 이뤄야 한다"라고 덧붙였다. 마치 이루지 못한다는 것은 생각지도 않는 듯 말이다.

팀은 자신에게 동기를 부여해주고 귀감이 되어준 업라인 사업자들이 자신의 두 번째 성공 비결이었다고 말했다. 그는 수년에 걸쳐 그들에게 본보기였던 스티브와 아네트 우즈, 빌 칠더스, 할 앤 수잔 구츠 그리고 덱스터와 버디 예거의 도움이 컸다고 했다.

처음에 그들은 돈이 절박해서 사업을 시작했지만 나중에 돈은 부차적 요소였다. 팀은 "더 중요한 것은 사람들과의 관계와 그들에게 얻은 교훈"이라고 말하며 마이애미 돌핀스 구단에서 경험한 것을 예로 들었다.

"1972년 사람들은 우리 구단을 '무명'의 수비구단이라고 불렀다. 우리는 우리가 슈퍼볼에서 우승한 것은 열한 명의 선수가 합심한 덕분이지 특정 선수의 실력 때문이라고 생각하지 않았다. 유명세를 치르는 개별 선수는 없었어도 우리에겐 효과적인 팀워크가 있었다. 이곳저곳에 무명의 영웅이 많은 암웨이 사업에도 이러한 팀워크를 적용해볼 수 있다. 손가락에 때가 끼고 굳은살이 박인 거친 손을 한 사업자가 양복을 빌려 입고 미팅에 참석하는 모습마저 귀감이 된다. 또 중증질환과 큰 빚을 극복한 사람들에게서 우리는 용기를 배운다. 암웨이 사업은 바로 이런 것이다. 암웨이 사업에서 성공하려면 제품 전달과 후원의 균형을 적절히 맞춰야 한다. 사람들에게 새로운 인생의 문을 열 기회를 주는 '사람 사업(People Business)'이기 때문이다."

재난의 여파에 맞서

홍수·폭풍·지진 등 자연재해가 닥쳐 집, 사업 그리고 삶이 송두리째 무너져버렸을 때 사람들은 대부분 어떻게 대처하는가? 대개는 여러 주, 여러 달 혹은 여러 해에 걸쳐 고통 속에서 헤매며 최소한의 정상적인 생활이라도 하기 위해 발버둥을 친다. 그 기간 동안 사회생활은 버겁고 수익이 없으며 가정은 와해된다. 피해를 당한 사람들은 초조한 상태에서 보험금 수령이나 파손 수리를 위해 끝없는 서류 작업과 전화통화를 하느라 피폐한 나날을 보낸다.

하지만 스튜어트와 에디스 업처치는 달랐다. 1996년 피드몬트 남부에 허리케인 프랜이 불어 닥쳐 집을 강타했을 때, 나중에 정신을 차리고 보니 남은 건 망가진 집 한 채뿐이었다. 모든 것이 산산조각 났지만 그들은 마음을 다잡고 호랑이 굴로 뛰어드는 심정으로 임시로 암웨이 사무실을 차려 복구 기간 동안 최대한 '평소대로' 사업을 하려고 애를 썼다.

무너진 나무와 수풀 그리고 쓰레기를 치우는 데 덤프트럭 60대가 필요하고, 자산 복구와 수리비용으로 15만 달러가 들어간 점을 고려하면 사업을 한다는 것은 그야말로 야심찬 목표가 아닐 수 없었다.

그들은 여기서 멈추지 않았다. 폭풍우가 잠잠해진 바로 다음 날 에디스는 "자, 이제 다이아몬드를 향해 전진하자"라고 말하며 미래에 대한 강한 신념을 보여주었다. 그리고 부부는 그 목표를 달성했다. 스튜어트는 "모든 것을 완전히 포기할 수도 있는 상황이었으나 우리는 포기하지 않았다"라고 말했다.

실제로 그 이후 그들의 꿈을 방해한 걸림돌은 별로 없었다.

암웨이 사업을 시작하기 전 이들 부부는 삶에 그럭저럭 만족하고 있었다. 아내는 부동산중개업을 하고 남편은 음료 도매 유통을 총괄하며 바쁜 나날을 보냈다. 스튜어트는 "우리는 패기 있게 일을 진행해서 상당한 수입을 올리고 있었다"라고 했다.

하지만 직장생활과 고객의 요청에 맞춰 적기에 응대해야 하는 일이 적잖이 스트레스를 주었다. 여기에다 부부가 서로 함께할 시간이 없어서 관계가 소원해지기까지 했다.

1984년 스튜어트는 직장생활을 하던 중에 훗날 스폰서가 될 사업자를 만났고 그가 설명하는 긍정적인 인생관, 사업설명, 타인에 대한 배려와 애정에 마음이 흔들렸다. 스튜어트는 "먼저 그와 개인적으로 가까워졌는데 어느 날 그가 부업으로 암웨이 사업을 해보는 것이 어떨지 물었다"라고 말했다.

그로부터 2년 후 스튜어트와 에디스는 인생을 크게 바꿔놓을 커다란 결정을 내렸다. 당시 스튜어트의 회사는 회사 일과 암웨이 사업 중에서 하나만 선택하라고 요구했다. 훗날 스튜어트는 이렇게 회고했다.

"결정하는 것은 그리 어렵지 않았다. 암웨이 사업에 우리의 미래를 걸겠다는 확신이 섰기 때문이다. 우리는 안정적인 직장보다 자유를 향한 열정을 택했다."

결국 그들의 노력과 인내는 결실을 맺었다. 태풍의 피해가 아직도 복구 중이라 부부는 현재 임시거처에서 지내며 풀타임으로 암웨이 사업을 하고 있다. 스튜어트는 암웨이 사업과 미래에 집중할지, 단지 집을 수리하며 시간을 보낼지 결정해야 했는데 다시금 꿈을 좇기로 했다.

비록 허리케인이 떠안긴 피해 때문에 삶의 여유가 없었지만 그들은 가장 좋아하는 취미생활인 여행을 하며 견뎌냈다. 그것은 암웨이가 선사한 자유라는 선물 덕이다. 스튜어트는 암웨이 사업은 전 세계 어디에서나 할 수 있고 여행 중에도 가능하다고 강조하며 이렇게 말했다.

"에디스는 여행을 자주 하며 자랐지만 직장생활을 하면서부터 여유가 사라져 여행을 할 수 없었다. 우리 부부는 싱그러운 바람이 불고 아름다운 바다가 내려다보이는 조용하고 평화로운 곳에서 시간을 보내는 것을 참 좋아한다."

그들의 친구, 가족, 사업 파트너 모두 그들이 그런 휴식을 취할 만하다는 데 동의할 것이다.

이민자의 후예

댄 위엔은 부모님의 헌신과 인내를 지켜보며 자랐다. 중국에서 가난 때문에 궁핍하게 살던 댄의 아버지는 혈혈단신으로 16세의 어린 나이에 캐나다로 이민을 갔다. 그는 빅토리아 주의 현지 농장에서 시간제로 일하며 열심히 영어를 공부한 끝에 밴쿠버로 이사해 슈퍼마켓을 경영하기 시작했다.

당시 중국에서는 중매결혼이 보편적이었고 댄의 어머니는 결혼식 전에 남편의 얼굴을 보거나 대화해본 적도 없이 결혼을 했다. 댄이 어머니에게 들은 얘기를 털어놓았다.

"어머니에게 결혼은 완전히 문화 충격이었다. 날마다 고향이 그리워 눈물을 훔쳤지만 어느 순간 외로움을 털고 열심히 살아보겠다는 마음을 먹었다고 한다."

댄은 부모세대에 비해 훨씬 더 운이 좋았고 스스로 배우자를 찾아 결혼을 했다. 샌디와 결혼해 아들 코노를 얻은 그는 브리티시콜롬비아 주 밴쿠버의 교외에 있는 예쁜 집에서 살고 있다. 단정하게 정리한 아름다운 잔디와 꽃밭과 안전한 울타리가 있는 뒷마당은 댄이 유년 시절에 경험한 이스트밴쿠버의 낡고 위험한 지역, 샌디가 자란 서스캐처원 주의 초원과는 사뭇 다른 분위기다.

처음부터 가난했던 샌디 가족은 부모가 별거하면서 더 가난해졌다. 딸 셋의 양육을 떠맡은 샌디의 어머니는 거의 무일푼으로 새로운 삶을 시작해야 했다. 샌디는 "우리는 방 하나짜리 집에 살았다. 침대 하나에서 세 자매가 같이 잤고 엄마는 소파에서 주무셨다"라고 말했다.

댄은 아내가 가난하던 시절을 얘기할 때마다 엷은 미소를 지었다. 그는 먹을 것이 없어 힘들었던 시기를 회상하며 "우리 집은 샌디 네보다 더 가난했다"라고 말했다. 그의 어머니는 자신이 먹을 밥이 부족하다는 사실을 숨기기 위해 밥그릇 속에 작은 그릇을 넣어 밥을 정상적으로 채운 시늉을 했다.

"어머니는 다른 사람에게 퍼주는 분이었다. 시어머니에게 더 많이 드리기 위해 자신은 조금만 먹으면서도 배고프다는 내색을 하지 않았다."

가난한 유년 시절을 겪은 댄과 샌디는 누구보다 더 크게 성공을 갈망했다. 십대 시절부터 아르바이트에 나선 샌디는 운전면허증을 취득하기 전까지 파출부 일을 했고 면허증을 취득한 후에는 술집 청소, 웨이트리스, 매장 점원, 양복점 점원으로 일했다.

그녀의 친구들은 대부분 고등학교 졸업 후 일자리를 알아봤지만 그녀는 가난에서 벗어나기 위해 더 교육을 받고 싶어 했다. 그러던 중 새스커툰으로 이사해 금융회사에서 일자리를 얻었다. 샌디가 댄을 만났을 때 그녀는 밴쿠버에 있는 금융회사의 영업사원으로 일하고 있었다. 급여 수준이 높고 회사차를 이용할 수 있다는 점에 이끌려 입사했으나 업무량이 과도해 그녀는 지쳐가고 있었다.

하루 12시간의 근무가 끝나면 야간 하키경기나 술집에서 고객을 접대해야 했다. 그녀는 남녀 모두 똑같이 연수를 받고 같은 일을 하면서도 여자가 남자보다 급여를 덜 받는 회사의 불평등 정책에 불만이 있었다. 나중에 그녀는 암웨이 사업에는 남녀차별 없이 일한 만큼 보상을 받는다는 얘기를 꼭 하고 싶다고 했다.

댄은 대학졸업 후 몇몇 대기업에서 다양한 직책을 맡았다. 그가 훗날 자신의 스폰서가 될 사업자를 만난 것은 그가 휴대전화 회사의 영업사원으로 일할 때였다. 그는 댄에게 새로운 사업기회에 관심이 있는지 물었다.

1988년 3월 사업을 시작해 3개월이 지날 무렵 4,000PV(Point Value: 판매점수치)를 달성한 댄은 샌디를 만났다. 그가 연애에 빠지면서 사업은 갑자기 주춤했다. 그는 "샌디를 만나고 15개월 동안 사업에 제대로 몰두하지 않았다. 샌디와 결혼하고 싶은 마음에 그녀의 마음을 사는 데 푹 빠져 있었다"라고 말했다.

그로부터 1년 뒤 댄과 샌디는 자신들의 미래와 관련해 진지한 대화를 나눴고 댄은 다시 암웨이 사업에 집중하기로 마음먹었다. 그 결과 그는 1990년 4월 PT가 되었고, 1991년 1월에는 Q-에메랄드를 달성했다. 그달에 둘이 결혼하면서 부부의 암웨이 사업은 승승장구했다. 그해에 부부는 에메랄드가 되었고 1992년에는 다이아몬드, 1994년에는 수석 다이아몬드를 달성했다.

그 기간 동안 부부의 업라인 다이아몬드 사업자들은 사업의 기초를 닦아주고 사업이 주춤할 때 확고하게 힘을 실어주었다. 물론 그 빠른 성장에 우여곡절이 없었던 것은 아니다. 댄은 가족과 친구들의 의혹을 받으면서 수차례나 그만두고 싶다는 생각을 하기도 했다. 그러나 부부가 투자한 모든 시간과 노력이 반드시 보상으로 돌아올 것이라는 믿음 아래 성공을 향한 집념을 불태웠다.

어린 시절에 종종 인종차별을 받은 그는 이를 극복하기 위해 가라테와 쿵푸를 배웠는데 그것이 사업에도 도움을 주었다고 했다.

"암웨이 사업에는 중도 포기자가 많다. 그렇지만 나는 무예를 배워서 그런지 정신력이 강한 편이다. 이가 부러지고 발가락과 갈비뼈에 골절이 생겨도 나는 그만두지 않았다."

그는 다운라인 사업자에게 가라테와 암웨이 사업의 유사성을 언급하며 "다리를 부러뜨릴 정도의 배짱"이 필요하다고 말했다. 한번은 그가 무예시합 중 의도치 않게 상대편의 다리를 부러뜨렸다. 그는 부상당한 남성의 병원에 찾아갔고 둘은 점차 좋은 관계를 쌓아갔다. 댄이 암웨이 사업을 시작했을 때, 그 남성은 그가 후원한 첫 번째 사업자였다. 그는 댄의 여섯 번째 PT가 되었고 댄은 다이아몬드 핀을 달 자격을 갖췄다. 댄은 농담처럼 "가라테를 하며 여러 명의 다리를 부러뜨린 경험은 암웨이 사업을 위한 기초훈련인 셈이었다"라고 했다.

"샌디와 나는 이 사업을 정말 잘 키워볼 생각이다. 업라인이 우리에게 가르쳐준 리더십 역량에 집중해 그것을 실천할 계획이다."

좋았던 그때 그 시절

암웨이 초창기 시절에 사업자로 활동한 사람들은 주로 부부였다. 그들이 들려주는 감동적인 이야기는 초기 사업자였던 그들의 삶에 암웨이가 어떤 의미로 다가왔는지 잘 보여준다. 모두 주옥같은 이야기라 추려내기가 다소 어려웠지만 그중 몇 가지 사례를 소개한다. 순서는 중요도 순위가 아니라 무작위다.

빌과 페기 브릿

빌은 공학 학사학위를 취득해 15년간 노스캐롤라이나 주 롤리의 도시사업 관리자로 활동했으나 일에서 뭔지 모를 결핍감을 느꼈다.

"남들보다 일찍 출근해 매일 야근을 했다. 늘 과로한다는 느낌을 받았지만 아무리 열심히 일해도 생활은 늘 빈곤 상태였다."

그의 아내 페기는 노스캐롤라이나 주 전력회사에서 근무했는데 1970년의 투자 건 중 하나가 휴지조각이 되자 심한 재정난을 겪었다. 부부는 돈을 더 벌 수 있는 일을 선택해야 하는 기로에 놓였다. 그때 그들의 눈에 들어온 것은 암웨이 사업이었다.

그들이 지금처럼 크라운 앰배서더로 활동하기까지는 막대한 노력 투자가 있었다. 빌은 다른 분야의 리더와 마찬가지로 "우리에게 가장 중요한 일은 사람들이 직접 성공적인 사업을 소유하고 운영하도록 가르치는 것"이라고 했다.

"감정적으로 흥분한 상태에서 운영하는 사업은 수명이 짧다. 우리는 우리가 어렵게 배운 지식을 전 세계에 있는 수천 명의 암웨이 사업자들에게 전해주려고 한다."

조지와 루스 할시

암웨이가 신생기업이었을 때 조지 할시는 뉴욕 시 브롱크스에 있는 신발가게 점원이었고, 아내 루스는 두 아이를 키우는 가정주부였다.

1975년 부부는 늘어나는 생활비에 보태기 위해 추가수익을 벌고자 암웨이 사업을 시작했다. 한때 그들은 소수인종은 판매업에서 고전한다며 만류하는 이웃과 지인들 때문에 낙담하기도 했다.

"사람들이 흑인은 암웨이 사업에서 성공하기 어렵다는 얘기를 할 때마다 더 열심히 일했다. 그들의 말이 어불성설이라는 것을 입증하기 위해 안간힘을 썼다."

결국 우리 부부는 해냈고 처음의 예상을 훨씬 능가하는 성과를 올렸다. 트리플 다이아몬드를 거머쥔 그들은 인종, 믿음, 나이, 출신에 상관없이 많은 사람이 사업자가 되는 데 힘을 실어주었다. 도심 빈민가에서 많은 부모가 자녀양육과 가족 간의 문제로 힘들어하는 것을 보아온 조지는 가족의 생활을 개선하도록 기회를 준 암웨이에 특별히 감사한다고 말했다.

"암웨이 사업은 우리 가족이 한데 뭉치게 해주었다. 아이들의 내면에서도 큰 변화가 일어났다. 부모가 긍정적인 마인드로 살아가면 그 영향을 받아 아이들의 자신감도 강해진다."

짐과 샤론 얀츠

60년대 초 브리티시콜롬비아 주 밴쿠버 부근의 작은 시내에서 교사로 일한 짐은 직장이 안정적이긴 해도 수입이 워낙 박해 아이들을 정상적으로 양육하기 어려울 것 같아 고민이었다. 그들에겐 젖먹이 자녀가 하나 있었고 샤론은 둘째아이를 임신 중이었다.

1964년 부부는 절박감이 최고조에 달했다. 짐은 이렇게 말했다.

"내가 무언가 새로운 일을 하지 않으면 안 되는 상황이었다. 아주 기본적인 것만 해결하며 사는데도 빚을 내야 했기 때문이다. 우리는 반지하의 작은 집에 살면서 중고가구를 구해다 썼고 늘 고물 차를 몰고 다녔다."

그러던 중 부부의 지인 몇 명이 암웨이 사업자로 활동해 재정난을 해결하는 모습을 보고 그들도 사업을 시작하면서 삶에 변화가 찾아왔다. 그들은 지인들처럼 성공을 거뒀을 뿐 아니라 암웨이가 단순히 경제적인 수단에 그치지 않고 보다 나은 삶의 문을 열어준다는 사실을 뼈저리게 느꼈다.

현재 크라운 앰배서더로 활동하는 이들은 암웨이 사업이 세대를 초월해 호응을 받는다는 점에 쾌재를 부르고 있다. 짐은 암웨이 사업은 90대가 되어도 할 수 있기 때문에 "많은 젊은이들이 뛰어들고 있다. 그들은 안정적인 노후를 대비해야 한다는 것을 알고 있고 그것을 위해 암웨이를 선택한다"라고 설명했다.

덱스터와 버디 예거

덱스터 예거는 춥고 메마른 겨울과 청년을 위한 일자리가 부족하다고 알려진 뉴욕 주 롬에서 성장했다. 그는 "내게는 세 가지 소원이 있었는데 그것은 따뜻한 곳에서 사는 것, 내 사업을 하는 것 그리고 세상에서 제일 예쁜 여자와 결혼하는 것이었다"라고 말했다.

암웨이가 마지막 소원을 이뤄주지는 못했지만 첫 번째와 두 번째 소원은 들어준 셈이다. 그는 1964년 배우자감을 만났는데 그 만남이 아니었다면 이후 암웨이 사업에서 성공하지 못했을 것이다. 그의 고지식한 상사 역시 그가 암웨이를 만나는 데 일조했다.

덱스터와 버디가 파트타임으로 암웨이 사업을 시작한 지 3개월도

되지 않았을 때 꼭 참석해야 하는 암웨이 행사가 있었는데, 상사가 휴가를 허락하지 않았다. 고심 끝에 덱스터는 직장생활을 그만두고 암웨이 사업에 올인하기로 결정했다. 아내 버디는 그에게 큰 힘을 실어주었고 그 후 그들의 삶은 180도 바뀌었다. 지금은 그들 부부뿐 아니라 일곱 자녀 모두 암웨이 사업을 하고 있다. 버디는 이렇게 말했다.

"아이들이 집에서 부모와 함께 암웨이 사업을 하면 놀랍게도 사랑하는 부모에게 업무윤리를 배울 수 있다."

1986년 말 덱스터는 뇌졸중이 발병해 다리에 부분마비가 왔지만 그가 이전처럼 걷고 활동하도록 적극 지원한 가족 덕분에 최고의 성공을 누리는 쾌거를 이뤘다. 그들의 가족 사업은 수년에 걸쳐 번창하고 있다.

래리와 린다 라일리

래리와 린다 라일리의 이야기는 디트로이트에서 시작된다. 둘은 그곳에서 16킬로미터 정도 떨어진 지역에서 유년 시절을 보냈는데 가정환경이 서로 완전히 달랐다. 세 자매 중 막내로 태어난 린다는 버릇없는 철부지였고, 래리는 도심 빈민가에 사는 십대 미혼모의 아들로 10세 때부터 거리에서 신문을 팔았다.

어느 해 여름 둘은 각자 다른 곳의 대학에 다니다 본가인 디트로이트로 왔다가 우연히 사랑에 빠졌다. 대학을 졸업한 두 사람은 래리가 베트남전에서 복무 기간을 마치고 돌아온 뒤 결혼했다. 래리는 경영학을, 린다는 가정학을 전공했는데 둘은 같은 가정용품 제조사에서 일자리를 얻었다. 래리가 승진을 거듭하면서 두 사람은 몇 차례나 다른 지역으로 이사했고 마지막으로 워싱턴 DC로 발령을 받았다. 린다는 "우리가 워싱턴 DC로 발령을 받았을 때 집을 장만할 형편이 아니었다"라고 말했다.

그런데 훗날 그때를 돌아보니 그 발령 조치는 오히려 그들에게 전화위복이 되었다. 래리는 "우리의 전문기술, 업무방식, 자세를 기반으로 빠르게 승진했지만 개인적으로 더 나은 삶을 살려면 변화가 필요했다"라고 했다. 그러던 중 1990년 래리는 회사에서 큰 상을 수상했고 그는 자신이 승진할 거라고 철썩 같이 믿고 있었다.

"그때 회사는 내 사무소를 폐쇄하기로 결정했다."

회사는 그간 그가 쌓아온 실적을 인정해 그를 애틀랜타로 발령했다. 린다는 당시를 이렇게 회고했다.

"우리에겐 최고의 결정이었다. 마침 아들이 공군사관학교에 입학한 때라 우리 부부는 자식 걱정도 털어낸 상태였다. 남은 생을 우리 부부가 하고 싶은 일을 하며 살기에 완벽한 시점이었다."

그들은 우선 애틀랜타에 이미 자리를 잡은 그들의 네트워크 그룹을 위해 노력하기로 했다. 린다가 말했다.

"우리가 암웨이 사업을 접으면 그들의 꿈을 앗아갈 수도 있었다. 우리에게 그럴 권리는 없다고 생각했다. 한때 심적으로 무척 힘들었다는 것은 그들에게 말하지 않았다. 늘 그렇지만 자신만 생각하는 이

기심을 버리고 다른 사람들이 그들의 꿈을 실현하도록 돕는 일에 집중할 때 암웨이의 마법이 시작된다."

그 후 부부가 애틀랜타 사업자들이 자기사업을 구축하도록 적극 지원하면서 이전에 그들이 바라던 다이아몬드 달성의 꿈이 되살아났다. 부부는 영감을 주고자 한 사람들에게 오히려 동기부여를 받으며 다시 열정을 불태웠고, 그들의 도움 덕분에 포기할 뻔했던 사업에서 재기해 다이아몬드를 달성했다.

도전, 선택 그리고 변화

암웨이 창업자들의 가족을 비롯해 많은 암웨이 사업자의 가족이 조부모에서 부모세대로, 부모세대에서 자식세대로 바톤을 성공적으로 이어왔다. 혹자는 성공을 계속 지키는 것이 처음 성공을 이루는 일보다 어렵다고 말한다.

90년대 암웨이 역사는 찬란하게 빛났고 극적인 요소도 다분했다. 1993년 딕 디보스가 암웨이 사장으로 부임해 경영권이 창업 2세대로 이어지면서 대대적인 사건이 일어났다. 딕 디보스는 자신의 저서 《불멸의 가치관》에서 이렇게 서술했다.

"나는 생산성과 미래 성장의 관건은 단순히 회사 차원에서 효율성을 추구하는 것이 아니라 암웨이 사람들의 창의성, 재능, 에너지

발산에 달렸다는 것을 확신하며 경영권을 인계받았다. 당시 나는 이 윤창출은 우리의 단기목표가 아니며 모든 일을 정도에 따라 진행했을 때 비로소 나타나는 자연스럽고 적절한 결과일 뿐이라고 생각했다. 나는 모든 직원과 사업자의 파트너십을 강화하기 위해 서로 협력하는 것은 물론 책임감을 갖고 자신이 맡은 일을 잘 수행하도록 장려했다."

암웨이는 이미 여러 국가에서 안정적인 입지를 구축한 상태였고 디보스 사장은 진정한 글로벌 기업으로 우뚝 서는 것을 목표로 삼았다. 이에 따라 새로운 해외시장에서 암웨이의 제품뿐 아니라 '비전과 가치관'을 정립하는 여러 혁신적인 프로그램을 개발했다. 사실 디보스 사장을 비롯한 암웨이 사업자들은 오랫동안 암웨이 사업 외에 여러 국제적인 구조 활동과 봉사 활동에 적극 참여해왔다. 딕 디보스의 얘기를 들어보자.

"내가 아는 암웨이 사업자들 중에는 베를린 장벽이 무너지는 일과 파나마의 부패한 독재자를 축출하는 데 일조하고, 허리케인 휴고가 플로리다를 강타했을 때 구조의 손길을 보낸 이들도 있다. 무선통신 혁명이 누구나 정보고속도로에 접근하게 해주었듯 암웨이도 기업가정신, 자유기업, 더불어 사는 자본주의를 수호하는 '세계 인류고속도로'를 조성하고 있다."

1994년 2월 암웨이 ABO 협회 미국위원회의 빌리 플로렌스 회장, 캐나다이사회 위원 마크 크로퍼드, 암웨이의 최고운영책임자 톰

이글스턴은 역사적인 합의문에 서명했다. 이것은 사업자들에게 그들의 사업에 영향을 주는 회사의 결정과 관련해 지속적으로 발언권을 준다는 차원에서 시사하는 바가 컸다. 합의문 체결은 '암웨이 사업자들과 회사의 파트너십을 강화하는 진일보한' 일이라는 기록으로 남았다.

당시 암웨이 ABO 협회의 조디 빅터 집행위원장은 "우리 가족 3대가 암웨이 사업을 하고 있다"라고 말했다. 그 가족의 암웨이 역사는 암웨이 초창기에 합류해 중요한 역할을 해온 조와 헬렌 빅터로 거슬러 올라간다. 조디 빅터 위원장은 이렇게 덧붙였다.

"우리가 암웨이 마케팅 플랜의 진정성과 1959년 초창기 무렵 머리를 맞대고 그토록 훌륭한 아이디어를 떠올린 원년 멤버들의 신념을 계승하는 것은 매우 중요한 과제다. 이번 합의문을 체결하면서 그 신념이 사실에 입각한 것이라는 점을 더욱더 신뢰하게 되었다."

암웨이 ABO 협회 이사회는 서른 명의 협회 위원으로 발속했다. 이 중 열다섯 명은 협회의 투표권을 부여한 위원들이고 나머지 열다섯 명은 이사회에 선발된 이사들 가운데 대표 사업자들이 선출한 이들로 지리, 핀 레벨, 후원라인의 대표성 등에서 균형을 이루도록 구성했다. 이사회의 미션은 모든 사업 관련 사안에 자문을 제공하고 협의하며 암웨이의 향후 방향을 정하는 데 적극적인 역할을 하는 것이었다.

이사회의 일부 목표는 장기적인 것으로 아직 직접판매 개념을 낯설어하는 국가에도 암웨이가 진출하면서 암웨이 사업 운영 절차의 전 세계적인 일관성 등 상위의 정책 사안을 다루기도 했다. 그 외에 사업자 간의 관계와 소통을 효과적으로 신속히 개선하는 일 등 구체적인 사안도 다루었다.

90년대 중반에는 스페인어 버전의 데모 키트를 준비해 출시하는 작업을 진행했다. 이는 북미의 스페인어권 사업자들이 사업을 보다 효과적으로 진행하도록 돕기 위한 것이었다. 결국 영어 버전으로만 소개하던 콘셉트와 세부 품목 내용이 영어와 스페인어 데모 키트 형태로 출시되어 완성체를 이뤘다. 참고로 2000년대 초반에 한국어 카탈로그가 나왔다.

또한 이사회는 북미 성장 프로그램(North American Growth Program)을 개념화하고 실행하는 사안에도 관여했다. 이 프로그램은 1997년 더그 디보스가 발표했다. 더그의 말대로 그것은 "1997년뿐 아니라 2000년까지 다양한 상을 만들어 적격 대상자에게 시상하는"것이 주요 내용이었다.

1995년 스티브 밴 앤델을 새로운 회장으로 선출하면서 암웨이의 2세대 경영이 본격화되었다. 이때 딕 디보스 사장과 스티브 밴 앤델 회장은 암웨이의 오랜 '협력' 정신을 강조하는 차원에서 최고 경영실을 발족했다.

혁신성과 정보 제공성이
탁월한 방문자센터 설립

1997년 12월 암웨이는 오랜 기다림 끝에 미시간 주 에이다의 본사에 '암웨이 방문자센터'를 개소했다. 이 건물을 설립한 배경에는 암웨이의 공동창업자 리치 디보스와 제이 밴 앤델을 기념하는 취지도 담겨 있었다. 개소식에서 스티브 밴 앤델 회장과 딕 디보스 사장은 각자의 아버지가 주창한 비전과 꿈에 그 건물을 헌정한다고 말했다.

암웨이의 첫 번째 사업자인 버니스 한센 여사와 신입사원 1기 중 한 명인 밥 루커가 암웨이의 초창기 그리고 두 창업자의 평생에 걸친 성과를 기리는 그 역사적인 순간에 동참했다. 그 순간은 수년에 걸쳐 수집한 사진 자료, 시청각 발표 자료, 기념물로 암웨이의 역사를 반추하고 1959년 암웨이를 설립한 이후부터 계승해온 '암웨이 스토리'를 소개하는 시간이었다.

그곳에서 사람들은 혁신적인 컴퓨터 스크린 기술로 제공하는 화면을 통해 전 세계 암웨이 계열사를 둘러볼 수 있었다. 암웨이의 기회에 관해 자주 묻는 질문을 답하는 키오스크는 제품의 평생주기에 걸친 세부 내용을 알려주고, 암웨이와 전 세계 사업자들이 자신의 커뮤니티에서 활동하는 모습을 대형 사진과 터치스크린 기술로 소개했다. 여기에다 두 창업자 리치 디보스와 제이 밴 앤델의 연설 녹음 발췌본을 취합한 영상물을 틀어주어 창업자들이 직접 전하는 스토리를 생생하게 들을 수 있게 했다.

방문자센터의 하이라이트는 65개 좌석으로 구성된 멀티미디어 상영관이다. 〈기회의 세계(A World of Opportunity)〉라는 제목의 시청각 자료를 방영하는 이 최첨단 스튜디오에 들어서면 방문자센터의 분위기를 단박에 파악할 수 있다.

지역사회 봉사: 암웨이가 지켜온 유산

몇 년 전 워싱턴의 암웨이 사업자 존과 멜로디 윌리엄스 부부는 자원봉사 프로그램과 연계해 지역사회에서 조경봉사를 하는 지인에게 도움의 손길을 제공했다. 그런데 시간이 흐르다 보니 어느새 처음의 의도보다 봉사 규모가 대폭 늘어났다. 부부의 네트워크 그룹에 속한 스물다섯 명의 사업자가 취약계층 이용시설에 매년 수천 송이의 꽃 구근을 재배하는 봉사에 동참했기 때문이다. 멜로디는 이렇게 말했다.

"매년 10월이면 우리는 크로커스, 수선화, 튤립, 히아신스, 팬지꽃을 대량 재배한다. 5월에는 꽃을 수확하고 달리아, 백합, 그 밖에 여러 색상의 한해살이 꽃을 다시 심는다."

90년대에 큰 인기를 끈 지역사회 봉사 활동 중 하나는 오하이오 주의 암웨이 사업자 놈 스타우트가 주도한 사업이다. 그들에게는 멕시코의 한 마을에 허리케인으로 무너진 교회를 재건해준다는 뚜렷한 목표가 있었다. 놈 스타우트와 열두 명의 다른 사업자는 1998년 2월 오악사카의 푸에르토 에스콘디도를 찾아갔는데, 예상보다 상황이 더 처참하고 충격적이었다.

"많은 집과 건물, 모든 작물이 파괴되었고 현지 주민들은 빈털터리 신세에 놓였다. 재건 장비도 없어서 마을 사람들은 2,700킬로그램의 시멘트를 직접 짊어지거나 당나귀에 실어 운반해야 했다."

그가 이끄는 자원봉사단은 바닥에서 삽으로 시멘트와 모래를 섞어 19리터의 물통에 옮겨 담았다. 현장에서 교회를 재건할 자재를 직접 제작한 것이다. 돌이켜보면 그것은 거의 불가능한 작업이었지만 암웨이 사업자들은 불과 7일 만에 허리케인에 휩쓸린 진흙 구조물을 대체할 작은 콘크리트 교회를 완공했다.

그런데 그 주에 그들에게 생각지도 않던 일이 연이어 일어났다. 놈 스타우트는 환하게 웃으며 "우리와 함께 일한 멕시코인 두 명과 과테말라의 선교사가 모두 암웨이 사업자였다"라고 말했다.

봉사 활동 영역은 더 확대되었고 미국암웨이와 캐나다암웨이의 여러 사업자 및 직원은 젊은이들을 위한 교육에 팔을 걷어붙였다. 젊은이들이 자유기업의 가치를 존중하고 사업과 경제학을 이해하며 기업가적 기술과 리더십을 함양하도록 영감을 주기 위해 '주니어 어치브먼트(Junior Achievement)'에 시간과 재능을 기부한 것이다.

주니어 어치브먼트는 세계에서 가장 크고 빠르게 성장하는 비영리 경제교육기구로 도시, 교외, 농촌의 약 260만 학생에게 도움을 주고 있다. 암웨이의 자원봉사자들은 유치원 어린이와 고등학교 학생들을 가르치고, '주니어 어치브먼트 프로젝트 비즈니스' 저녁 프로그램에서 중고등학생들의 멘토가 되어 상담을 해준다.

그뿐 아니라 〈뉴스위크〉와 함께 주니어 어치브먼트 프로그램을 통해 학생들의 경제 이해력을 촉진하는 인식 제고 캠페인을 적극 후원한다. 아메리칸드림과 관련해 설문조사를 벌여 그 결과를 공개하는 두 기업은 미국 학생들의 취업 준비를 돕고, 부모가 자녀에게 경제 개념을 가르치는 여러 가지 아이디어도 제공한다.

암웨이 사업자들은 오래전부터 장애인들의 독립심을 고취하기 위한 캠페인을 벌여 수백만 달러를 모금해왔다. 모금은 사업자들이 가치 있는 공통된 명분 아래 한데 모여 즐거운 시간을 보내도록 다양한 행사를 개최하면서 이뤄진다. 모금행사는 자동차 세차, 볼링대회, 골프대회, 제빵류 판매, 패션쇼 등 매우 다양하다. 사업자들은 다채롭고 신나는 모금행사에 참여해 90년대 말 기준 매년 거의 200만 달러를 모금했다.

사업 제휴의 장점

암웨이는 90년대 동안 국제적 명성이 높은 고품질의 제품을 생산하는 제조업체와 제휴관계를 맺고 그들의 제품을 직접판매 시장에 출시했다. 특히 제조사의 명성을 중요시하는 국가에 진출할 때 이러한 제휴 전략은 유리하게 작용했다.

예를 들어 1997년 봄 암웨이와 워터포드 크리스탈(Waterford Crystal, Ltd.)은 크리스털로 만든 고급 선물세트의 독점판매 제휴를 맺었다. 다이아몬드 컬렉션 바이 마르퀴스(Diamond Collection by Marquis)는 90년대 말 방대한 암웨이의 제품라인에 새롭게 추가되었다. 워터포드가 만들어 독점 공급한 세공 디자인은 '미국에서 가장 갖고 싶은 브랜드 Top 10'에 선정되었고, 유럽의 저명한 크리스털 세공자의 손길을 거쳐 제품화했다. 양사의 제휴가 낳은 최초의 상품은 암웨이 사업자를 통해서만 전달이 가능한 8인치 높이의 꽃병이었다. 이것은 혁신적인 디자인 콘셉트로 유명한 워터포드 디자인팀의 핵심 인력인 마이클 패닝이 디자인했다.

암웨이가 워터포드와 제휴를 맺은 목적은 사업자들이 전 세계에서 명품라인을 독점 판매하도록 하는 데 있었다. 암웨이의 시장개발부 담당자 데이비드 브레너는 다음과 같이 말했다.

"암웨이가 네트워크 마케팅 업계에서 탁월한 품질이라는 전통을 유지해온 것처럼, 워터포드도 크리스털과 유리용기 부문의 강자로서 오랜 역사를 이어왔다."

두 기업의 제휴는 수십 년에 걸쳐 암웨이의 입지를 굳혀준 제품 판촉 전략에 힘을 실어주었다. 혹시라도 이의를 제기할지도 모를 사람들을 위해 암웨이 마케팅부는 그동안 암웨이에서 가장 오랫동안 높은 인기를 누려온 제품들의 눈부신 실적을 소개하며 이렇게 비유했다.

"전 세계적으로 암웨이 사업자들이 1년 내에 전달하는 LOC 다목적 세정제는 유타 주의 그레이트솔트호 크기의 부엌 바닥을 닦을 정도의 양이다."

Amway Story

제 **08** 장

전 세계로의 확장 전략

제8장

전 세계로의 확장 전략

　19세기의 저명한 영국 소설가 윌리엄 메이크피스 새커리는 "세상은 모든 사람의 얼굴을 제각각 투영하는 거울과 같다"라고 썼다. 이는 사람은 어디에 거주하든 자신의 이미지에 따라 세상을 바라보고 세상의 일을 해석한다는 의미다. 암웨이의 역사는 모든 사람에게 자신의 행동, 태도, 미래관에 따라 운명을 바꿀 힘이 있다는 새커리의 생각을 방증한다. 이것은 미국에서 통한 방식이 호주나 일본, 영국에서도 효과를 발휘할 수 있다는 뜻이기도 하다.

　1959년 밴 앤델과 디보스의 좁은 지하실에서 시작된 작은 사업은 이제 전 세계로 뻗어 나가 저력을 발휘하고 있다. 동시에 국가의 비즈니스 경계를 무너뜨리는 사업자가 기하급수적으로 증가했다. 암웨이 사업의 물리적 확장보다 더 돋보이는 것은 쉬지 않고 늘어나는 사업자다. 하지만 양적 팽창을 견인하고 지탱해주는 힘은 바로 암웨이 철학과 사업구조다. 그동안 암웨이가 열한 개 해외 자회사를 설립하게 된 원동력에 대해 리치 디보스는 이렇게 말했다.

"장소를 불문하고 누구에게나 내가 하는 일의 주인이 되고 싶다는 기업가정신이 존재한다. 암웨이의 역할은 이들에게 사업기회를 제공하는 것이다."

-윌버 크로스와 고든 올슨(Gordon Olson),

《풍요로운 삶을 향한 집념: 놀라운 암웨이 스토리》, 1986.

80년대 중반 기적 같은 암웨이의 해외시장 진출은 다가올 성공의 서막에 불과했다. 90년대 말까지 그 규모는 두 배로 커졌고 해외 사업자들의 능력, 기술, 유능함도 놀라울 정도로 성장했다.

암웨이는 처음부터 집념, 헌신, 통찰, 근면, 성실이라는 미션을 밑거름으로 삼아 글로벌 발전 역사를 써 나갔다. 1965년 제이 밴 앤델은 해외사업 기회를 탐색하기 위해 70명의 기업가를 초청한 행사에 초대받았다. 미시간 주의 조지 롬니 주지사가 주최한 그 행사의 목적은 미시간 주와 서유럽의 무역거래를 활성화하는 데 있었다. 밴 앤델은 해외시장 개척에 커다란 가능성이 있음을 확신했지만 두 창업자는 우선 북미지역 사업에 혼신의 힘을 쏟기로 했다. 북미를 벗어나 대서양 너머에 존재하는 그 무한한 기회는 그저 머릿속에만 담아두었다.

1962년 암웨이는 미국 사업의 연장선상에서 캐나다암웨이를 설립했고 이는 암웨이 철학과 마케팅 플랜에 '수출 가치'가 있다는 사실을 빠르게 입증했다. 그러나 엄밀히 말해 '해외'로 간주하지 않는 캐나다에서 암웨이는 세관이나 통관 같은 무역 관련 문제와 캐나다의 불어권 지역에서 영어 대신 불어를 사용해야 하는 문제에 봉착했다. 또한 본격적으로 푸에르토리코에서 영업을 하려다 해외 배송과 언어 장벽에 부딪히기도 했다.

경영진이 해외시장 확대 전략을 모색 중이라는 사실이 알려지자 암웨이 본부에는 해외에서 사업자로 활동하는 것과 관련된 문의가 쇄도했다. 이처럼 사업자와 잠재사업자들이 해외 사업에 지대한 관심을 보이자 디보스와 밴 앤델은 해외시장을 조사하기 시작했다.

1969년 두 창업자는 호주를 대상국으로 정했다. 하지만 미국과 문화나 경제 측면에서 유사성이 많다는 이유로 호주를 선택한 것일 뿐, 체계적으로 심층 분석한 것은 아니었다. 무엇보다 암웨이의 마케팅 부서가 주장한 것처럼 암웨이의 마케팅 플랜과 직접판매 콘셉트가 '자기사업을 꿈꾸는 호주인에게 크게 어필할 것'처럼 보였다. 디보스는 다음과 같이 설명했다.

"우리는 호주인의 국민성이 마음에 들었다. 그들은 새로운 기회를 물색했고 국가와 자기 자신에 대해 진정한 신념이 있었다. 또 그들은 미래를 큰 기대감으로 바라보고 삶을 대하는 자세가 열정적이었다. 암웨이는 이들에게 꿈을 달성할 기회를 주고자 했다."

호주의 시드니에 진출하기 전, 암웨이의 해외영업팀은 새로운 해외시장 진출 계획을 구상하며 거의 1년을 들여 기초 작업을 진행했다. 변호사를 선임해 호주 법과 규제를 준수할 계획 세우기, 호주 시장에 맞는 적절한 제품라인 개발하기, 사업자 모집하기, 세부적인 오리엔테이션과 트레이닝 실시하기, 자료를 새로 제작하기, 호주암웨이를 총괄할 사업자 모집하기 등 해외사업 준비 과정은 상당히 복잡했다.

1971년 4월 마침내 호주암웨이가 문을 열었다. 암웨이가 새롭게 진출한 호주암웨이 사업은 호주와 미국에서 언론의 많은 관심을 받았다. 〈비즈니스 어브로드(Business Abroad)〉지는 7월호에서 이렇게 썼다.

"호주 주부들과 그들의 남편 사이에 암웨이의 자유기업 철학이 급속도로 전파되고 있다. 150~250명의 호주인들은 일주일에 5일을 한데 모여 박수치고 환호하며 미국암웨이에서 보낸 암웨이의 성공담을 듣는다. 암웨이 제품을 전달해 평균 이상의 생활방식을 구현하는 방법을 익히는 것이다."

호주에서 얻은 교훈

호주의 다이아몬드인 피터 제블린은 호주를 상징하는 캥거루가 뒤로는 뛰지 않고 항상 앞으로만 나아간다는 흥미로운 사실을 언급했다. 가만히 서서 주변을 둘러보고는 뒷걸음질이 아닌 다른 방법으로 상황을 평가한다는 것이다.

제블린은 자신의 경험담을 들려주었다.

"암웨이 사업을 시작하기 전, 나와 아내는 세상과 정면으로 부딪히며 해보지 않은 일이 없을 정도로 많은 우여곡절을 겪었다. 페인트 사업에 매력을 느껴 페인트 공장을 운영하기도 했지만 생각보다 수입이 오르지 않아 손을 뗐다. 공장을 매각하는 과정이 쉽지 않았으나 결국 공장을 팔았고, 그다음엔 전기용품과 가스설비 사업에 뛰어들었다. 그때는 영업팀을 구성해 수주량이 늘어나면서 돈을 꽤 벌었다.

그런데 '돈을 불리려면 투기가 답'이라는 말을 듣고 그 돈을 다양한 주식에 투자했다가 몽땅 날려버리고 말았다. 그때 무척 힘든 시기를 보내면서 생각한 것은 우리 부부가 캥거루처럼 앞만 보고 나아가려면 큰 변화가 있어야 한다는 것이었다.

우리가 새롭게 선택한 것은 암웨이 사업이었다. 우리는 호주를 비롯한 전 세계에서 암웨이가 일으키는 변화를 직접 눈으로 확인했고 간접적으로도 많이 들었다. 암웨이 사업은 흥분과 열정 그 자체이고 마음에 품은 꿈을 현실로 이끄는 촉매제다."

빠른 시작 이후 찾아온 난관

호주암웨이는 문을 열자마자 불과 한 달 만에 약 400명의 사업자를 모집했고 얼마 지나지 않아 PT에 오른 사업자가 생겨났다. 한데 어쩐 일인지 호주 사업은 예상만큼 실적이 오르지 않았고 사업 진행 속도가 더뎌지면서 거의 탄력을 받지 못하는 듯했다.

암웨이 측이 검토한 끝에 내린 결론은 암웨이의 사업 콘셉트나 영업방식보다 제품라인에 문제가 있다는 것이었다. 호주에서 판매한 암웨이 제품은 호주의 제품 사양 기준을 정확히 맞추도록 현지 협력업체들과 계약해 생산한 것이었다. 문제는 현지 업체들의 생산과 공급이 불규칙하고 품질 관리에도 허점을 보였다는 데 있었다.

당시 호주암웨이의 사업 전망은 밝지 않았지만 그것은 훗날의 장기적인 성공을 위해 좋은 교훈이 되었다. 결국 암웨이는 미시간주 에이다의 생산과 배송 부서에서 호주 현지의 생산 및 배송 가격보다 저렴하게 제품을 전달하기로 결정했다. 생산과 배송 기지를 암웨이 자체 공장으로 옮긴 결과 수익성이 높아졌고 일자리 창출에 기여했으며 미국의 무역수지 개선에도 일조했다. 무엇보다 품질 관리를 극대화해 소비자와 사업자의 신뢰도를 높였다.

암웨이는 당시의 난관을 타산지석으로 삼아 지금도 해외시장에 미국산 제품을 공급한다. 암웨이 마케팅 담당자들이 '호주 사업 실험'이라 부르는 호주암웨이의 경험을 토대로 암웨이는 자유기업을 기반으로 한 마케팅 플랜을 허용하는 서유럽에 다수의 지사를 설립했다.

이때 호주의 사례처럼 각국의 경제와 문화 수준이 미국과 큰 차이가 나지 않는 유럽 국가들을 중심으로 선정했다. 그 결과 유럽에서는 7년에 걸쳐 6개국에 지사를 설립했는데 1973년 영국과 아일랜드, 1975년 서독, 1977년 프랑스, 1978년 네덜란드, 1980년 벨기에와 스위스가 그들이다.

암웨이는 유럽뿐 아니라 아시아로도 눈을 돌렸다. 극동지역의 첫 번째 지사는 홍콩에 들어섰고 여기에는 이곳에 미국의 마케팅 방식, 제품, 정책에 친숙한 사람들이 많다는 이유가 크게 작용했다. 비록 70년대 중반에는 매출이 호주의 경우처럼 더딘 성장을 보였으나 이후 꾸준히 증가했고 더러 매출이 급증하기도 했다.

암웨이 사업은 계속해서 성장을 거듭한 끝에 1976년 말레이시아암웨이를 설립했다. 말레이시아암웨이는 일인당 소득과 인구를 고려할 때 아시아에서 상당히 성공적인 시장 중 하나였다. 사업을 시작하고 나서 1년 후, 말레이시아암웨이는 그때까지 개설한 해외 지사 중 가장 빠른 성장 속도를 보였고, 3년 만에 연평균 매출이 네 배로 증가하는 쾌거를 이뤘다. 1982년 설립한 대만암웨이에서도 이에 상응하는 성공세가 이어졌다.

수수께끼 시장, 일본

암웨이는 극동지역에서 큰 성공을 거두었지만 여전히 풀리지 않은 궁금증이 많았다. 일본에 진출하는 것은 어떨까? 일본 여성들은 사업자로 활동하기에 충분한 사회적 자유를 누리고 있는가? 만약 그럴 경우 서양 제품이 일본인의 취향과 니즈에 부합할까?

암웨이는 재정적으로 독립하겠다는 갈망과 동기부여만 충분하다면 언어나 문화적 차이는 극복할 수 있다고 확신했다. 결국 암웨이는 일본으로 진출하겠다는 결정을 내렸고 1979년 일본암웨이는 네 번째 아시아 지사가 되었다.

일본은 경제가 상당히 발달해 있고 대미무역 역사가 길었지만 암웨이가 진출한 다른 국가들에 비해 문화적 차이가 컸다. 하지만 암웨이는 그런 일본에서도 크게 번창했고 미국 이외의 지역 중 암웨이의 최대 시장으로 우뚝 섰다. 1997년 딕 디보스는 이렇게 말했다.

"미국의 주요 제조사들은 일본시장이 미국 기업에 폐쇄적이라고 주장했지만, 막상 진출해보니 일본은 암웨이의 사업 정신을 매우 적극적으로 받아들였다. 현재 일본암웨이의 매출은 연간 20억 달러 수준으로 암웨이는 일본에서 영업하는 해외기업 중 최상위에 속한다."

아시아 여성들의 활약

국제 정세 분석가이자 경제학자인 존 네이스비트(John Naisbitt)는 지난 20년 동안 아시아에서 여성의 사회적 진출이 눈부신 발전을 거듭했다고 주장하며 몇 가지 사례를 들었다.

싱가포르에서 지난 10년 동안 여성 관리자 수가 거의 세 배로 증가했고, 홍콩에서 여성은 관리 직책 중 20퍼센트를 차지하고 있다. 또한 창업자 중 여성이 차지하는 비율이 일본은 80퍼센트고 중국은 25퍼센트다.

이처럼 해외에서 성별 균형비를 바꾸는 데 암웨이가 혁혁한 공을 세웠다는 사실은 여러 증거 자료에서 나타나고 있다. 암웨이는 모든 사업 활동에서 남녀를 평등하게 대우했고 20년 전만 해도 자기사업을 거의 할 수 없었던 아시아 여성들에게 그 문을 열어주었다.

여기에다 가정용품과 퍼스널 케어 제품을 비롯한 다수의 암웨이 제품이 여성 중심적이라 여성 사업자들이 자기사업을 운영하는 데 조금도 무리가 따르지 않는다.

해외 사업의 도전과제

해외 영업이 확대되면서 해외 사업자들은 초기에 경험한 해외 배송과 품질보증 외에도 여러 가지 도전과제에 직면했다. 당시 반드시 해결해야 했던 몇 가지 문제점을 여기에 소개한다.

- 낯설고 복잡한 세관 규정에 익숙해지고 때로 비이성적이거나 정보를 잘못 알고 있는 세관 직원 상대하기
- 종종 기온이 섭씨 49도까지 상승하는 고온다습한 열대지역에서 제품을 관리하며 마케팅하기
- 공조기가 없거나 작동이 시원치 않은 저장실에서 식품류를 신선하게 보관하기
- 곤충, 설치류 및 기타 동물로부터 신선 제품 보호하기
- 자갈밭을 지나가거나 임시장비 혹은 결함장비를 이용해 제품을 운반할 때 심한 진동 및 충격에 강한 컨테이너와 포장 제공하기
- 개별 제품의 크기, 라벨 작업, 무게 기준에 부합하도록 패키지 다양화하기
- 이용자 주의사항, 제품보증, 법적 경고문 등을 제품 판매국의 언어로 정확히 표기하기

암웨이는 해외뿐 아니라 북미에서도 언어 문제로 크게 시달렸다. 북미 사업자와 제품 운송 책임자들이 다른 대륙의 사업자와 고객을 상대로 서비스를 관리하면서 언어 장벽에 부딪힌 것이다. 현재 북미 사업자들은 85개 언어로 주문을 받고 사업과 관련해 어떠한 질문에도 답변할 수 있게 되었다.

야심찬 중국 진출

미국의 생활방식을 표방한 제품을 선망하는 국가는 꼬리에 꼬리를 물고 등장했다. 1991년 한국, 1994년 체코, 터키, 슬로바키아에 새로운 지부가 탄생했다. 1995년에는 엘살바도르, 온두라스, 칠레, 슬로베니아, 우루과이, 중국에서 여섯 지부가 새롭게 생겨났다.

특히 중국은 미국 기업에 친화적이지 않다는 오랜 인식 때문에 암웨이 내부에서도 중국암웨이의 순조로운 출발을 의아해할 정도였다. 딕 디보스는 그 야심찬 진출을 설명하며 다음과 같이 말했다.

"천안문 광장에 군사력을 동원한 중국 정부가 본토에서 암웨이 제품의 생산과 판매를 반기고, 언젠가 자유와 기회에 성큼 다가가길 바란다."

흥미롭게도 뉴욕증권거래소에 상장한 일본암웨이와 아시아태평양암웨이가 한국, 중국, 일본 및 기타 아시아 국가를 총괄했다. 이 중 아시아태평양암웨이는 호주, 브루나이, 중국, 홍콩, 마카오, 말레이시아, 뉴질랜드, 대만, 태국에서 유통을 독점하고 있다. 연평균 매출 9억 달러와 67만 명의 막강한 사업자 네트워크를 구축한 아시아태평양암웨이는 아태지역에서 대규모 네트워크 마케팅 기업 중 하나다.

1997년 연차보고서에 따르면 아시아태평양암웨이는 그해 베이징, 충칭, 텐진을 포함한 중국의 열 개 성에서 사업을 시작해 열네 개 성에 거주하는 3억 명의 고객에게 다가갈 잠재력을 갖추었다.

같은 맥락에서 중국시장은 '아시아태평양암웨이의 중추'로 불리고
있다.

스티브 밴 앤델 회장과 딕 디보스 사장은 "경제학자들의 전망에
수치적 차이는 있지만 중국은 분명 전 세계적인 대규모 경제국가 중
하나다. 대략 12억 인구를 기반으로 암웨이의 다른 모든 시장을 합
한 것보다 더 많은 잠재력을 보유하고 있다"라고 했다. 가정용 세제
다섯 가지로 야심차게 진출한 중국시장은 2년 만에 30개 이상의 가
정용 제품과 퍼스널 케어 제품으로 확대되었다.

중국 진출 전략은 1998년 봄까지 놀라울 정도로 탄탄대로를 걸
었다. 그런데 4월 22일 암웨이는 다음과 같은 성명서를 발표했다.

"오늘 중국 정부는 직접판매 업계 전체에 영향을 줄 만한 새로운
지침을 발표했다. 그것은 모든 직접판매 기업에 직접판매 활동을 즉
각 중단하고 영업방식을 변경할 것을 요구하는 내용이었다. 암웨이
는 최근 몇 달 사이에 전보다 더 심각하게 사회 문제로 떠오른 불법
피라미드 사기로부터 소비자들을 보호하기 위한 이 같은 결정을 이
해하고 존중한다. 중국 정부의 조치는 불법 활동을 막으려는 목적으
로 마련한 것이며, 그것이 암웨이 같이 합법적으로 영업을 하는 기
업을 포함해 전체 직접판매 산업에 영향을 준다는 사실을 인지하고
있다."

중국암웨이는 즉각 중국의 고유 규정을 준수하는 동시에 사업자

들을 보호하기 위한 일련의 조치를 취했다. 이러한 조치는 중국 상황에 맞춰 개발한 것으로 다른 국가에 적용할 계획은 전혀 없었다.

"모든 직접판매사에 영업방식을 변경하도록 요구한 중국 정부의 지침을 고려해 암웨이는 현재 유통체계 변경 작업을 했다. 우리의 최종 계획은 전국에 위치한 40개의 제품서비스센터를 포함해 암웨이 사업이 보유한 몇 가지 장점을 활용하는 것이다. 이러한 시설은 열네 개의 성과 네 개 도시 중심가에 있다. 중국암웨이 전문가들이 직접 관리하면서 탁월한 고객서비스를 제공하는 이곳은 자부심이 아주 강하다.

중국과 중국의 사업자, 트레이너, 고객, 직원에 대한 암웨이의 확신과 집념은 변하지 않았다. 아시아태평양암웨이는 지난 5년에 걸쳐 중국에 거의 1억 달러를 투자했고, 어마어마한 덩치로 급성장하는 중국시장의 장기적인 사업기회에 계속해서 사활을 걸 것이다."

1998년 6월 22일 중국 정부는 새로운 지침을 발표했고, 사업승인을 받은 기존 직접판매 기업이 영업방식을 변경해 중국에서 사업을 재개할 수 있도록 가이드라인을 제공했다. 아시아태평양암웨이는 지난 2개월간 이어진 중국 정부와의 논의에서 주요 쟁점이자 암웨이 사업의 중추적 역할을 하는 사업자들이 지속적으로 활동할 법적 근거를 마련했다는 점을 고무적으로 생각했다.

7월 20일 중국 정부에 수정 제출한 계획을 승인받은 아시아태평양암웨이는 중국암웨이가 다음 날부터 영업을 재개할 것이라고 발표했다. 아시아태평양암웨이의 회장 스티브 밴 앤델은 이렇게 말했다.

"암웨이의 재도약 계기가 될 중국 정부의 공식 승인 소식에 기쁨을 감출 수 없다. 이는 암웨이가 중국 고유의 환경에 제대로 대처했음을 보여주는 동시에 사업자들과 장기적인 성장을 거둘 기반을 마련했음을 의미한다. 개인의 노력과 능력에 상응하는 수익을 창출하도록 기회를 제공해온 암웨이의 전통이 전 세계에서 호응을 얻었듯 중국에서도 빛을 발하게 된 점은 매우 고무적이다."

암웨이는 국제 관계와 영업에 타격을 줄 수도 있던 상황에 슬기롭게 대처했을 뿐 아니라, 중국이 정치적으로 민감하던 그때 중국 정부의 사업 재개 승인을 받은 최초의 기업이 되었다.

계속되는 해외 진출

중국에서의 사업이 정상궤도로 돌아설 무렵 암웨이는 전 세계 다른 지역에서 꾸준히 성장세를 이어가고 있었다. 1997년 4월 마카티 본부에서 공식적으로 사업을 시작한 필리핀암웨이는 케손시티, 라스피냐스, 세부에 물류센터를 마련했다. 그 무렵 호황을 누리던 필리핀에서는 암웨이가 진출 초기에 소개한 열한 가지의 홈 케어와 퍼스널 케어 제품에 소비자들이 지대한 관심을 보였다.

본격적으로 사업을 시작한 필리핀암웨이는 60여 명의 직원을 고용했고 자기사업을 하기 위해 등록한 사업자들은 소득을 창출했다.

암웨이의 글로벌 사업망에서 중요한 고리는 남아공 지부 설립으로 아프리카 대륙에 진출한 점이다. 암웨이는 호주, 유럽의 여러 국가, 아시아, 남미로 진출한 뒤 1997년 9월 22일 남아공 지사를 중심으로 여섯 번째 대륙에서 사업을 시작했다. 코스타리카, 그리스, 콜롬비아 지부 다음으로 탄생한 남아공암웨이는 케이프타운에 본사를 두고 있으며 암웨이 글로벌 영업망의 마흔네 번째 국가다.

딕 디보스 사장은 아프리카 영업과 관련해 대상 국가가 시장을 개방하는 것이야말로 전 세계의 더 많은 이들에게 사업기회를 주는 중요한 밑거름이라고 말했다.

"지난 10년 동안 전 세계적으로 많은 사회·정치적 변화가 일어났고 소기업과 직접판매에 대한 규제 조건도 개선되었다. 앞으로도 조건이 적합한 신규 시장에 암웨이 사업기회를 지속적으로 소개해 수천 명에게 자기사업을 할 발판을 제공하고자 한다."

특히 사업가와 재정적 독립을 추구하는 국민에게 줄곧 우호정책을 펴온 대륙에서 암웨이는 혁신적이고 적절한 사업으로 받아들여졌다.

암웨이는 새로운 대륙에 진출한 것을 자축하는 한편, 국제무대에서 치명적 결과를 불러올지도 모를 또 다른 문제로 골머리를 앓고 있었다. 벨기에에서 암웨이의 사업방식에 심각한 법적 의구심을 제기했기 때문이다. 암웨이를 피라미드 조직으로 바라보는 비방세력이 해묵은 논쟁을 다시금 수면 위로 끌어올린 것이다.

하지만 1997년 말 브뤼셀 상사법원은 암웨이의 직접판매 방식이 벨기에 법규를 준수한다며 유럽에서 직접판매를 보편화하고 육성할 수 있는 판결을 내렸다. 이는 암웨이가 피라미드와 다단계 판매에 적용하는 벨기에의 불공정거래법 84조를 위배했다는 벨기에 경제부의 주장을 기각한 판결이었다. 법원은 암웨이 등의 합법적 직접판매 기업과 84조에서 금지하는 비윤리적 직접판매 기업을 명백히 구분하는 내용을 골자로 하여 이런 판결을 내렸다.

"신규 사업자 영입과 관련해 기업이나 타사업자의 강요성이 없고, 전통 유통 방식대로 모든 이윤이 고객에게 판매한 제품에서 비롯된다."

여기에 더해 판사는 구체적으로 거액의 초기투자비를 요구하지 않을 것, 모든 사업자의 투자비용을 환불보증제도로 보호할 것, 과잉 재고 위험부담으로부터 사업자를 보호할 것, 제품 반송과 환불 보장으로 고객보호 정책을 실시할 것 등의 소비자보호 정책을 의무적으로 준수하라고 했다.

이로써 암웨이의 정책과 영업이 합법적이고 건전할 뿐 아니라 전 세계 어느 곳에서든 신뢰를 기반으로 한다는 점에서 암웨이를 향한 의구심은 일단락되었다.

1997년 11월 암웨이는 루마니아에 지사를 설립하면서 세계 대장정의 여세를 연말까지 이어갔다. 수년 동안 루마니아의 2,300만 국민에게는 자유기업 개념이 낯선 것이었기에 이는 그야말로 놀라운 성과였다.

그해 암웨이는 친환경을 위한 노력과 '훌륭한 자연보존 사업 및 성과'로 명예로운 상을 수상했다. 데이브 밴 앤델은 암웨이 그리고 23개국에서 50여 개 환경 후원 조직에 참여하는 사업자와 직원들을 대신해 열대우림동맹으로부터 '국제환경상(Green Globe Award)'를 수상했다. 그 외에도 암웨이는 유엔환경계획을 비롯해 외부에서 주는 상을 수차례 받았다.

암웨이가 진출한 국가나 지역의 재계에 암웨이 사업이 불러일으킨 활력 역시 훈훈한 성과다. 현지 시장에서 사업체로 활동하는 모든 암웨이 지사는 지역의 경제발전과 삶의 질에 막대한 공헌을 하고 있다. 예를 들어 각 지사는 다음의 성과를 내고 있다.

- 사업자 영입, 일자리 창출로 직원 고용
- 사업자와 직원 교육 및 오리엔테이션
- 많은 이들에게 소득 창출 기회 제공

- 소득세를 포함한 세수에 기여
- 암웨이가 납부한 상당한 수입관세와 특별세
- 현지인을 위한 최상급 제품과 서비스
- 인쇄 및 배송 등 현지 서비스 이용
- 창고와 사무실 등 각종 시설 임대
- 현지 배송 수단 이용
- 현지인을 위한 체험 및 비즈니스 교육
- 효과적인 직접판매 법안 마련에 자문 제공
- 교육 및 자선 활동에 기여
- 기술적 노하우와 경험 공유

전 세계를 강타한 경제위기

1998년 1월 중순 암웨이는 2,500명의 사업자를 위한 울타리가
되어줄 도미니카공화국 지사를 설립하며 순조롭게 국제사업 스타
트를 끊었다. 도미니카공화국 국민은 거의 20년에 걸쳐 암웨이 제
품을 친숙하게 사용해왔지만, 신규 지사와 수도인 산토도밍고에 암
웨이 서비스센터를 설립하기 전까지 제품을 쉽게 공급받지 못했다.
   그 밖에도 5월 세계 2위 인구를 자랑하는 인도에 신규 지사를 설

립하며 암웨이는 역사에 또 다른 획을 그었다. 아시아태평양암웨이의 1997년 연차보고서는 '성장을 위한 도약'이라는 제목의 글에서 다음과 같이 기술했다.

"암웨이 역사상 가장 높은 이윤을 내는 말레이시아-태국 지역은 회계연도 기준 1997년 영업수익이 최고치를 기록했지만, 4분기에 일련의 도전을 맞이했다. 말레이시아와 태국 화폐의 약세가 이어져 경제위기가 발생하면서 1997년 4분기 매출과 후원 실적에 타격을 가했다. 경기침체는 1998년까지 이어질 전망이다."

아시아태평양암웨이는 1997년을 '성공과 실패가 공존한 해'로 묘사하면서 일본암웨이의 연차보고서에 일본에 찾아온 경기불황을 언급했다.

화폐의 평가절하 현상은 아시아를 비롯해 전 세계적으로 마진율을 떨어뜨리는 악재로 작용했다. 대부분의 전달 제품이 암웨이사에서 미국달러로 구매하는 방식이었기 때문이다.

1998년 10월 26일 암웨이는 1998년 8월 31일에 마감한 회계연도에 대략 57억 달러의 전 세계 소매매출액을 기록했다고 발표했다. 그때까지 연차보고서에 실린 실적과 비교할 때 고무적인 수치이긴 했지만 이례적으로 전년 동기 대비 무려 '18퍼센트나 하락한 수치'였다. 이것은 암웨이사가 지원하는 49개의 전 세계 지사와 뉴욕 증권거래소에 상장한 두 계열사, 즉 일본암웨이와 아시아태평양암웨이의 매출치를 합산한 결과였다. 일본암웨이와 아시아태평양암웨이는 그 시점부터 열흘에 걸쳐 각 기업의 연간 매출치를 별도로 발표했다.

스티브 밴 앤델 회장은 당시를 이렇게 회상했다.

"1998년은 힘든 해였다. 암웨이 사업의 거의 절반이 경제위기로 소비심리가 위축된 아시아에서 이뤄졌기 때문이다. 약세인 아시아 통화를 강세인 미화로 환산하면 수익이 더 줄어들었다."

1998년 암웨이가 경험한 매출감소 중 85퍼센트는 미국의 달러 강세와 아시아 경제의 불황에서 기인했다. 매출감소가 두드러지게 나타난 일본, 한국, 중국, 말레이시아, 태국의 총 예상매출 하락액은 거의 10억 달러에 달했다. 이처럼 암울한 결과에도 불구하고 암웨이는 1964년 예상매출액을 보고하기 시작한 이래 18퍼센트의 연평균성장률을 유지해왔다.

딕 디보스 사장의 얘기를 들어보자.

"90년대 초중반 두 자릿수 성장을 유지하는 등 놀라운 성장세를 이어왔다. 우리는 암웨이 사업의 잠재력을 확신하며 사업자와 고객에게 제공하는 제품과 사업기회로 암웨이 사업에 활력을 불어넣는 새로운 방식을 끊임없이 모색하는 중이다. 여러 도전을 무릅쓰고 노력한 결과 1998년은 뛰어난 실적을 올린 해 중 하나로 남아 있다."

암웨이는 그동안 쌓아온 성공을 토대로 사업규모에 걸맞은 비용을 지출하기 위해 다양한 방법을 모색했다. 그 결과 1998년 9월 암웨이는 '조기퇴직프로그램'을 발표했다. 그 취지는 직원들에게 조기에 퇴직할 기회를 제공함으로써 기존 직원들의 임금 하락을 막으려는 데 있었다. 이때 본사에서 거의 300명이 조기퇴직을 신청했고 암웨이의 전 세계 직원 1만 2,000명이 조기퇴직하면서 암웨이는 250개의 직책을 없앴다.

스티브 밴 앤델은 낙관적인 전망을 내놨다.

"암웨이의 미래를 매우 낙관적으로 보고 있다. 훌륭한 제품, 충성도 높은 고객 그리고 암웨이 사업을 키워가며 목표를 달성하고자 애쓰는 전 세계 암웨이 사업자들과 함께하는 암웨이의 기반은 매우 견고하다. 앞으로도 전 세계에서 최고의 사업기회는 암웨이 사업일 것이라고 확신한다."

Amway
Story

제 **09** 장

기성세대와 신세대의
바톤터치(baton touch)

- 경영권 이전이라는 도전과제
- 다방면의 지원
- 지역사회에 기여하고 사회적 책임을 이행하는 전통

제9장

기성세대와 신세대의 바톤터치(baton touch)

미시간 주 에이다의 암웨이 본사 건물 로비에는 대략 높이 2미터에 길이 6미터인 벽화가 있다. '유대(The Bond)'라는 제목의 이 벽화는 화가 폴 콜린스(Paul Collins)가 1985년 제이 밴 앤델과 리치 디보스에게 선물한 작품이다. 그는 성공을 향한 고된 여정, 성공 신화를 쓴 국가, 암웨이가 새로운 차원으로 목표를 달성하는 과정에서 일등공신의 역할을 한 전설적인 사업자들 등 암웨이 스토리를 담은 일련의 삽화를 엮어 작품을 만들었다. 사람, 가치관, 국가, 역사를 보여주는 각각의 삽화는 한데 엮이면서 놀라운 스토리를 만들어내고 있다.

'유대'에서 무엇보다 시선을 끄는 부분은 창업자들의 삶과 성공 여정에서의 가족의 역할이다. 벽화의 정중앙에는 창업자 제이가 있고 그 옆에는 그의 아내 베티와 네 자녀가 있다. 제이 회장 옆에는 또 다른 창업자 리치가 있고 그 옆에는 그의 아내 헬렌과 네 자녀가 있다.

가족은 암웨이가 일으킨 기적의 핵심이다. 두 창업자뿐 아니라 전 세계적으로 경력에 상관없이 열심히 활동하는 암웨이의 사업자들에게도 가족은 큰 힘을 주는 존재다. 어떤 암웨이 사업자와 얘기하든 그들은 하나같이 암웨이 덕에 가족 간의 관계가 돈독해졌다거나 가족에게 희망을 줄 수 있었다고 말한다.

암웨이 사업은 가족이 함께 구축하고 대대손손 물려줄 수 있는 사업이다. 또 가족의 생계를 위험에 빠뜨릴 염려가 없는 사업이기도 하다. 부부가 사업을 함께 시작할 경우, 한 사람은 풀타임으로 하고 다른 한 사람은 파트타임으로 하면서 본업을 이어가며 융통성 있게 진행할 수 있다. 사업을 함께하다 보면 이혼의 위험은 멀어지고 수십 년간 소원했던 부모와 자녀의 관계를 감동적으로 회복하기도 한다. 특히 가족이 없는 이에게 암웨이는 가족과도 같은 사업이다.

-제임스 로빈슨,《자유의 제국: 암웨이 스토리》

설립 후 처음 20년 동안 암웨이는 사업자가 가족 중심적이고 자녀에게도 사업을 권해 가족관계가 더 돈독해지는 계기를 만드는 기업으로 알려졌다. 그 대표적인 사례가 3대에 걸쳐 암웨이 사업을 하는 빅터 가족이다.

조와 헬렌 빅터는 ABO 1세대로 전달할 제품이 하나뿐인 시절부터 두 창업자와 함께했다. 집 거실을 사무실로 쓴 부모를 보고 자란 아들 조디는 덕분에 암웨이 사업에 어느 정도 친숙했다. 대학에서 법학을 전공한 그는 처음에는 암웨이 사업에 합류할 생각이 없었지만, 귀감이 될 만한 부모의 삶을 보며 자신도 암웨이 사업을 시작하기로 결정했다.

그와 그의 아내 켈리는 암웨이 사업에서 성공적인 결과를 얻었고, 그의 아들 스티브와 며느리 마르시아도 ABO가 되어 3세대를 아우르는 대식구가 같은 사업을 하는 이례적인 기록을 남겼다.

미시간 주 에이다에 위치한 암웨이 본사에서도 많은 성공한 사업자가 그러하듯 '가족' 사업의 길을 걷기 시작했다. 한 가지 중요한 사실은 두 창업자 중 누구도 자녀에게 이 사업을 강요하지 않았다는 점이다. 오히려 자녀가 다른 어떤 결정을 내리든 열린 마음으로 지지해주면서 격려를 아끼지 않았다.

낸 밴 앤델은 창업자 제이 밴 앤델의 자녀들 중 가장 먼저 암웨이에서 일하기 시작했다. 대학 졸업 후 암웨이에서 일을 시작한 그녀는 감사부로 시작해 인사부를 거쳐 커뮤니케이션부로 이동했다. 그녀에게 암웨이는 제2의 집이나 다름없었다.

"암웨이에 입사하기로 마음먹는 것은 내게 쉬운 일이었다. 나는 늘 자기주도적인 삶을 살아왔고 유년 시절부터 사업에 애착이 있었다. 두 창업자가 사업을 키우기 위해 다방면으로 노력을 아끼지 않는 모습을 직접 확인한 터라 다른 일은 생각해본 적이 없었다. 암웨이에서 일하는 것은 내게 숨을 쉬는 것만큼이나 당연한 것이었다."

딕 디보스는 리치 디보스의 자녀 중 첫 번째로 아버지의 길을 가기로 결정했다. 어린 시절 새로운 사업 콘셉트에 푹 빠져 있던 아버지의 모습을 소중한 기억으로 간직하고 있었기 때문이다. 그는 이렇게 회상했다.

"아버지의 해외 출장에 몇 번 함께 간 적이 있다. 그러면서 전 세계 암웨이 사람들을 하나둘 알아가기 시작했다. 아버지의 업무방식은 다른 어떤 마케팅 방식보다 혁신적이고 독특했지만 아버지는 항상 목표를 달성하리라는 확신에 차 있었다. 사업 감각과 애정이 점차 늘어나고 있다는 사실을 깨달았던 것 같다. 인생에서 뭘 하면 좋을지 결정을 내려야 할 때쯤 암웨이에 애정이 생겼고 내가 기여할 부분이 있다고 생각했다."

낸과 딕은 미시간 주 에이다에 위치한 암웨이 공장에서 신입사원으로 일을 시작했다. 필요한 잡일을 하고 사업의 모든 측면에서 다른 사람들과 어울리는 법을 배워가며 회사의 면면을 학습한 그들이 처음 맡은 일은 화려함과 거리가 멀었다. 그들은 여러 부서에서 '피와 살이 될 소중한 경험'을 한 뒤 최종적으로 오를 경영진이 되기 위한 체계적인 연수 프로그램의 1기생이 되었다.

2세들이 암웨이의 성장에 점차 중요한 역할을 한다는 것이 확실해지자 1977년 두 창업자는 컨설턴트 클레어 녹스를 경영수업 총괄자로 배치했다. 그 수업은 '지식과 경험이 최고의 스승'이라는 명언을 기반으로 한 5년간의 연수 프로그램이었다. 프로그램의 목표는 '두 창업자가 진지하게 강조하며 실천해온 체계적인 철학을 이행할 역량을 키우는' 데 있었다.

나중에 그들의 형제자매들도 합류했지만 일단 두 연수생은 선임 직원들의 감독 아래 리셉션실부터 임원실에 이르는 모든 업무 영역을 익혔다. 현장에서 암웨이 제품을 고객에게 전달하거나 신규 사업자를 영입하는 사업자 체험도 했다.

낸과 딕을 비롯해 창업자의 다른 자녀들에게 내려온 한 가지 지침은 '회사의 모든 업무와 직원의 역할이 얼마나 중요한지 학습하고 이해하라는 것'이었다.

한편 자신이 선호하는 분야를 쉽게 찾아내지 못한 제이의 장남 스티브는 한동안 암웨이와 거리를 두고 다른 직업을 물색했다. 또래 청년들처럼 그도 자신이 진정으로 원하는 바를 알지 못했고 확고하게 결정을 내릴 마음의 준비가 안 된 상태였다. 거의 2년에 걸쳐 암웨이 일을 평가하고 고심한 끝에 그는 경영 연수 프로그램에 합류해 암웨이 업무윤리에 한 몸 바치겠다고 마음먹었다.

제이 밴 앤델은 통찰력이 뛰어난 자서전 《영원한 자유기업인》

에서 이렇게 기술하고 있다.

"대기업 창업자의 자녀는 삶이 녹록치 않다. 내 아이들은 내가 겪은 부담과 갈등을 헤쳐 나가는 삶을 살아야 했다. 암웨이 환경 안에서 성장하며 일해 온 그들은 다른 직원들에 비해 더 많이 주목받았고 그만큼 스스로를 더 절제하고 단속해야 했다.

암웨이 경영진으로서 내 아이들과 리치의 자녀들은 다른 사람보다 두 배 이상 열심히 일하면서도 종종 일한 만큼 대우받지 못했다. 아이들이 경영자로서의 역할을 잘 수행해 사업이 성장하면 사람들은 '금수저로 태어나 편하게 사네'라고 하고, 사업이 뜻대로 되지 않으면 '아버지가 일군 사업을 망쳐놓네'라고 한다.

또한 내 아이들은 사람들의 질문 공세와 의심 어린 눈초리를 받으며 살아야 했다. 아버지를 잘 만나서 여기에 있는 거야, 아니면 실력이 있어서 그런 거야? 물론 내가 이 자리에 없었다면 아이들도 암웨이에서 활동하지 않았을 가능성이 크지만, 그렇다고 그들의 경영 역량을 폄하해서는 안 된다.

내 아이들과 리치의 자녀들은 정책위원회에서 경영진의 역할을 잘 수행하고 있다. 그 모습이 증명하듯 아이들은 주어진 업무를 수행할 역량을 충분히 갖추고 있다. 회장 스티브와 사장 딕 디보스를 수장으로 하는 암웨이는 출중한 능력을 갖춘 경영진이 경영하고 있다고 확신한다."

그러면 리치와 제이의 자녀들은 창업자의 가족으로서 사업에 입문하는 것을 어떻게 생각했을까?

80년대 중반 암웨이 역사학자 찰스 폴 콘과의 인터뷰에서 딕 디보스는 이렇게 말했다.

"우리 모두 가족 간의 경영 승계를 민감하게 생각해왔던 것 같다. 하지만 지금껏 어떤 문제도 발생하지 않았다. 사람들이 우리를 이용하는지 아닌지 파악하는 육감도 발달하는 듯하다. 아버지와 제이는 2세대 경영진과 거리두기가 필요하다는 것을 알았고 그걸 실천하고 있다. 냉정할 정도로 선을 긋는다."

낸도 딕의 이런 평가에 동의하며 콘에게 다음과 같이 말했다.

"우리가 경영진으로 나섰을 때 초기에는 우리가 누구의 자녀고 어떤 직책을 맡았는지를 두고 수군거리며 우려하는 사람이 있었다. 그러나 인간 대 인간으로 부딪히며 서로를 알아가면서 우리를 바라보는 시선이 점차 바뀌었다. 이곳 사람들은 가족 승계에 그다지 신경 쓰지 않는다. 연수기간 동안 나는 직장에 와서 사람들과 함께 일했고 시간이 지나자 그들은 나를 창업자의 딸이 아닌 인간 '낸'으로 인정하기 시작했다. 그다음부터 나는 그냥 나로서 평가받고 인정받고 있다."

낸은 자신이 동료 직원들처럼 암웨이와 암웨이 철학에 헌신하고 충성도를 높여가자 가족 승계나 가족 연고를 바라보는 편견이 사라졌다고 했다.

"내게는 암웨이도 중요하고 우리가 하는 일도 중요하기 때문에 계속해서 전진하겠다는 의지가 확고하다. 전통적인 차원의 기업 간 경쟁은 내게 1순위로 중요한 가치가 아니다. 물론 암웨이가 넘버원 기업이 되면 좋겠지만 나와 딕에게 그것이 최고 목표는 아니다.

우리에게 중요한 것은 사업자들의 니즈를 충족해주는 일이다. 어제 사업자로 등록한 사람부터 기업 초창기에 등록한 사람까지 모두가 암웨이에서 원하는 바를 얻길 진정 소망한다. 우리는 암웨이가 그들의 기대에 부합하고 사람들에게 계속해서 희망을 주는 기회의 창구가 되길 바란다. 이는 암웨이가 내게 부여한 도전과제이기도 하다."

경영권 이전이라는 도전과제

두 창업자가 인정했듯 그들은 2세대의 경영 참여에서 균형점을 찾기 위해 심사숙고했다. 그들이 내린 결론은 두 사람의 여덟 자녀가 몇 년에 걸쳐 암웨이에서 성실하게 일하는 모습을 본 다음, 1세대 경영진인 자신들이 물러나고 그들에게 사업을 승계하기 위해 장기적인 준비 작업을 해야 한다는 것이었다.

1세대 경영진으로서 그들은 여러 가지 사업적 결정을 내릴 때 자녀들과 많이 대화하지 못했다는 점을 자각했고 이제야말로 재무, 인사, 집행 정책, 회사 목표 등 주요 사안을 두고 효과적으로 소통해야 할 시점이라고 판단했다.

첫 단계로 그들은 '정책위원회'를 발족했다. 이것은 2세대 미래 경영진 여덟 명을 한자리에 모아놓고 한 달에 한 번 위원회를 소집해 외부 전문가 두 명에게 경영 연수를 받게 하려는 조치였다.

각 참가자는 리더십 함양을 위해 순번에 따라 위원회 의장 역할을 맡았다. 회의 안건은 기업의 주요 사안과 관련된 것이었지만 그것을 합의·도출 절차만큼 중요시하지는 않았다. 이 단계의 목표는 참석자들이 중요한 정책 결정을 내리도록 동기를 부여하기보다 눈앞에 놓인 각종 사안을 빠르고 효과적으로 해결할 역량을 함양하는 데 있었다.

이러한 경영권 이전 방식은 매우 효과적이었다. 연수 프로그램을 본격적으로 진행하면서 리치와 제이는 위원회 월례회의에 참석하기 시작했다. 그들은 회사의 세부사항을 하나, 둘 안건으로 상정했다. 그 내용은 예를 들면 재무 상황, 회사가 직면한 문제, 경쟁, 사업자들과의 관계 그리고 가장 중요한 안건인 미래 목표 등이었다.

모의회의 형태로 시작한 회의는 어느새 굵직한 정책을 논의하는 원탁회의 형태로 변해갔다. 동시에 차세대 주자들의 적극적이고 자발적이며 긍정적인 결정에 따라 경영권 승계가 자연스럽게 진행되었다.

사실 두 창업자에게는 경영 수업의 중요성과 필요성을 절감한 계기가 있었다. 1992년 7월 리치 디보스가 경미한 심장마비를 겪은 것이다. 입원 기간이 그리 길지는 않았지만 몸 상태를 고려할 때 경영권을 2세대에게 승계할 필요성을 깨닫기엔 충분했다.

차세대 경영진의 약진과 함께 두 창업자는 정책위원회를 해산하고 2세대를 새로 발족한 정책이사회 위원으로 승격하기로 결정했다. 이는 2세대들에게 사업과 관련해 결정권을 더 많이 부여하는 한편 기업이 직면하는 여러 문제와 실패 사례에 책임도 늘려간다는 의미였다.

제이의 얘기를 들어보자.

"리치와 나는 언젠가 공동회장으로서의 협력관계가 마침표를 찍으리라는 것을 알았고 미리 마음의 준비를 했다. 하지만 둘 다 그 시기가 다가왔다는 것을 인정하길 꺼려했다. 40년대 말 우리가 함께 울버린 에어 서비스(Wolverine Air Service)를 운영하거나 카리브해로 항해하던 시절 협력관계가 공고했던 것처럼 수십 년에 걸친 역경, 승리, 고통, 번영의 여정에도 둘의 협력관계에는 변함이 없었다. 이제 우리의 협력관계가 다음 세대를 위해 자리를 비켜주어야 할 시점이 왔다. 우리는 먼저 리치의 퇴임 준비에 들어갔다. 리치의 추천과 우리 둘의 결정에 따라 리치를 이을 사장직에 리치의 장남 딕을 임명하기로 했다."

이것은 리치가 첫 번째 심장마비를 겪고 나서 5개월 후에 내린 신중한 결론이었다. 그 후 리치는 심장마비를 여러 차례 겪었고 건강을 회복하던 초기에 아쉬움을 뒤로한 채 사임을 결정했다. 경영권 승계 계획은 이미 마련한 상태였고 딕이 아버지의 직책과 역할에 친숙한 상황이라 그의 사임 결정은 적절한 시기에 이뤄졌다.

제이 밴 앤델 역시 1992년 중반 공식적으로 퇴임 결정을 내렸다. 그는 차세대 주자 여덟 명의 개인적인 성과와 자질을 지켜보며 어떤 경우에도 그들에게 주어진 직책이 편애로 비춰지지 않도록 하는 과정이 힘들었다고 말했다. 훗날 그는 "현명한 결정을 내리기 위해 수개월 동안 모든 각도에서 고려하며 많이 고민하고 기도했다"라고 털어놓았다.

최종적으로 그는 새로운 회장직에 장남 스티브를 임명했다. 스티브는 자신만의 경영 스타일과 훌륭한 연대의식을 갖춘 근면 성실한 인재였다. 돌이켜보니 스티브는 20대 초 진지하게 자기성찰을 하며 암웨이에서 일하는 것이 과연 자신이 원하는 바인지 고민하던 그 자유로운 영혼의 소유자였다.

다방면의 지원

사업의 미래 향방과 책임자를 결정할 때 이사회의 역할이 큰 공기업과 달리, 리치 디보스와 제이 밴 앤델은 그 부담을 직접 짊어지고 회사를 키워왔다. 비록 두 사람만 승인하면 간단히 결재가 나는 과정이지만 그들은 암웨이 동료들과 지원자들의 전적이고 진심 어린 지원 및 지지 아래 엄청나게 신중을 기했다.

특히 딕 레서는 암웨이 영역 외에서 두 사람의 창업자와 돈독한 관계를 유지해온 인물이다. 그의 얘기를 들어보자.

"두 창업자 리치 디보스와 제이 밴 앤델을 20여 년 동안 개인적으로, 사업적으로 알고 지냈다. 부와 명예를 거머쥔 일부 사업가와 달리 둘은 알면 알수록 호감도과 존경심이 커지는 인물들이다. 그들을 떠올릴 때면 사업·정치·삶에서의 청렴도, 충성심, 가족에 대한 헌신, 다부진 태도를 유지하는 용기, 남들의 비난이나 결과에 연연하지 않는 강인함 등의 말이 즉각 생각난다."

1996년 스티브 밴 앤델 회장과 딕 디보스 사장은 〈풍요로운 삶을 위한 기초 작업〉이라는 얇은 책자를 사내 배포용으로 출간했다. 그들이 책의 도입부에 서술했듯 이 책은 "암웨이의 전 직원이 비즈니스를 이끌어주는 암웨이의 경영철학과 앞으로 나아가도록 추진력을 주는 전략적 방향을 이해하는 것이 중요하기 때문에" 발행한 것이다.

또한 그들은 "기본적인 가치관과 목표를 인지할 경우 암웨이 임

직원과 사업자들은 최고의 파트너십을 구축하는 것은 물론, 그간 쌓아온 성공을 토대로 미래의 성공을 키워갈 수 있다"라고 덧붙였다.

특히 이 소책자는 '창립자들의 기본 원칙' 네 가지를 언급하고 있다. 그 네 가지는 개인적·경제적 의미의 자유, 사회의 기본구조로 사랑·양육·전통·유산을 낳는 가족, 긍정적인 방식으로 삶을 바꿔갈 힘을 실어주는 희망 그리고 실천으로 얻은 성과에 치하하는 보상을 말한다.

다음의 가치는 소책자에서 피력하는 핵심 내용으로 '암웨이 사업을 운영하는 핵심적이고 지속가능하며 타협의 여지가 없는 표준'이다.

파트너십

두 창업자의 파트너십으로 출발한 암웨이는 그 파트너십의 밑거름 위에 설립되었다. 창업자 가족, 사업자, 직원 들 사이에 존재하는 파트너십은 우리가 가장 자부하는 가치다. 우리는 우리의 파트너들에게 신뢰와 확신을 배가하는 방식으로 최상의 장기적 이익을 안겨주는 행동을 한다.

청렴성

청렴성은 우리의 사업이 성공하는 데 핵심 요소다. 우리는 '수익성'보다 '정도(正道)'를 중시한다. 암웨이의 성공은 경제적 관점뿐 아니라 암웨이가 받는 존중, 신뢰, 믿음을 토대로 평가받는다.

개인적인 부 창출

우리는 각 개인의 고유함을 인정해준다. 각자는 존중받을 가치가 있으며 잠재력을 극대화해 성공할 수 있는 공정한 대우와 기회를 부여받아야 한다.

개인적인 책임

각 개인은 회사나 팀 차원에서 정한 목표를 달성하는 데 100퍼센트 노력할 뿐 아니라, 개인적인 목표를 달성할 책임을 진다. 사람들이 목표를 달성하도록 도와주기 위해 우리는 개인의 잠재력을 배가하고 성공을 공유한다. 또한 우리는 우리가 거주하고 일하는 지역사회에서 좋은 시민이 되겠다는 책임감을 갖춘다.

자유기업

우리는 강한 자부심 아래 자유와 자유기업을 옹호한다. 자유경제 시장에서 인간의 경제적 발전도가 가장 높다는 점은 확실히 밝혀졌다.

딕 레셔는 이렇게 덧붙였다.

"리치와 제이는 암웨이 사업을 하면서 가족이 큰 힘을 주었다고 말했는데 그것이 그들의 진심이라는 것이 느껴졌다. 그들의 자녀 여덟 명은 미래에 기업을 이끄는 여정에 깊이 관여하고 있다. 리치와 제이는 진심을 다해 암웨이 사업에는 개인이 성공하는 만큼 다른 사람도 성공하도록 돕는 특징이 있다는 점을 강조했다.

그들의 우정과 파트너십은 거의 50년 넘도록 단단한 반석처럼 공고했다. 대기업 환경에서 이토록 오래도록 파트너십을 유지한 유명한 사례를 들어본 적 있는가? 때로 두 사람을 이간질하는 세력도 있었지만 둘은 결코 여기에 휘말리지 않았다."

지역사회에 기여하고
사회적 책임을 이행하는 전통

아마추어 시인이자 PT인 한 여성은 암웨이를 이렇게 표현했다.

"암웨이를 떠올리면 사람과 행동이 어떤 경계선에 갇힌 듯한 연못의 느낌이 아니라, 계속해서 물을 뿜어내며 사람들과 환경에 싱그러움을 안겨주는 분수의 느낌을 준다."

실제로 암웨이는 이웃의 참여를 이끌어내고 지역사회를 '가족'의 일원으로 생각하며 실천해온 자원봉사의 역사와 유산을 계승하고 있다. 리치 디보스는 《더불어 사는 자본주의》에서 개인과 단체 나아가 기업이 자립하고 삶을 개선하며 더 나은 지구를 만들기 위해 명심해야 할 열여섯 가지 원칙을 언급하고 있다. 이 중 세 가지는 지역사회에 대한 암웨이의 철학을 잘 보여준다.

- 신, 국가, 가족, 우정, 학교, 일 등 우리가 소중하게 여기는 것은 사람과 가치를 중심에 놓을 때 긍정적인 방향으로 변화한다는 믿음
- 타인의 자립을 위해 확신을 갖고 다른 이의 삶에 지침, 가르침, 용기를 주고자 우리의 시간과 돈을 투입하는 것은 우리가 이미 받은 선물을 되돌려주는 행동일 뿐이라는 믿음
- 다른 이를 돕기 위해 우리의 시간, 돈, 경험을 나눌 때 개인적인 만족감과

암웨이는 늘 타인에게 다가가는 정신을 강조하며 사업자가 활동하는 지역사회 수백 곳을 개선하기 위해 장학금, 예술과 과학 분야 재단, 박물관 사업을 후원해왔다. 또한 여기에 그치지 않고 전 세계 수많은 환경교육 사업을 지원하고자 '암웨이 환경재단'을 설립했다. 이것은 업계에서 매우 이례적인 형태의 사회공헌 활동이다.

재단 설립 목적은 남녀노소의 환경 인식을 향상시키고 생태를 존중하는 예술작품을 전시하며, 시민들이 오염에 대처하고 자연유산을 보존하도록 동기를 부여하는 데 있다. 암웨이는 환경재단의 공공 서비스 프로그램 하나만으로도 전 세계에서 수십 차례에 걸쳐 상을 수상했고 찬사도 받았다.

나아가 암웨이는 캘리포니아의 스탠퍼드 의과대학 질병예방 분야에 후원금을 기부하는 등 여러 방면에서 세계 의료 및 보건 사업을 강화하는 데 기여해왔다. 암웨이 리더들도 전사적 차원을 넘어 사업과 무관하게 전 세계 수십만 명에게 새로운 삶의 기회를 제공하기 위해 성금을 전했다.

그 대표적인 것이 미시간 주 그랜드래피즈에 있는 밴 앤델 교육 및 의학 연구소(Van Andel Institute for Education and Medical Research) 활

동이다. 이 연구소는 의료 연구 역사상 최대 규모의 민간 자선 활동을 벌여왔다. 사실 이 엄청난 규모의 자선과 후원은 전 인류를 대상으로 한 것이자 대를 이을 소중한 유산으로 다른 사람들이 감히 엄두도 내지 못하는 수준의 활동이다.

제이가 창립한 이 재단은 설립 초기부터 텍사스 대학병원의 노벨상 수상자 마이클 브라운(Michael Brown) 전문의의 놀라운 찬사를 받았다.

"내게는 늘 기본 과학의 강점을 질병 예방과 치료에 직접 적용하는 기관을 설립하고 싶은 바람이 있었다. 이 정도 규모의 기업이 그러한 노력을 시도했다는 사실은 매우 이례적이다. 이 연구소는 최종적으로 전 세계 의료 연구의 주요 기관으로 우뚝 설 최강의 역량을 보유하고 있다고 생각한다."

때로 암웨이 사업자들은 전 세계 외딴지역에서 진행되는 주요 의료 및 보건 사업의 촉매 역할을 한다. 그 대표적인 것이 멕시코암웨이가 후원하는 'SAMINSA'로 이것은 타라후마라 원주민의 건강을 개선하고 빈곤을 감축하기 위한 프로젝트 이름이다.

또 다른 사례로 태국암웨이의 지역사회 봉사 활동이 있다. 태국암웨이는 기부금과 나들이, 기타 도움을 제공하는 지속적인 지원 활동으로 슬럼가 유치원 개선 사업(SKIP, Slum Kindergarten Improvement Program)을 진행해왔다.

90년대 중반 리치 디보스는 가족의 유산 차원에서 '더불어 사는 자본주의 재단(Compassionate Capitalism Foundation)'을 설립했다. 이것은 리치가 미국의 자유기업제도를 얼마나 확신하는지 보여주며, 재단은 그가 저서에서 언급한 열여섯 가지 원칙을 준수한다. 그는 이 비영리재단의 목표는 단순하고 기본적인 것이라고 말했다.

"우리는 자유기업에 대한 사람들의 믿음을 새롭게 하고, 우리가 직면하는 변화와 불확실성에 대응할 수 있다는 희망을 주며, 우리의 여정에서 더불어 사는 마음을 등대로 삼고자 한다."

재단 설립 당시 그는 매년 전 세계적으로 인류를 위해 더불어 사는 자본주의를 실천하는 개인과 기관에 상을 수여할 것이라고 발표했다. 그는 사람들이 자신의 잠재력을 더 계발하고 나눔을 실천하며 목표를 달성하려 노력하길 바랐다. 또한 누구나 보다 긍정적인 자세를 기르고 주변 자연 환경을 보전하려 노력하며 모든 차원에서 자유기업제도의 가치를 인정하는 일을 할 수 있길 희망했다. 나아가 그는 사람들이 그러한 삶을 살아가게 될 것이라고 예상했다.

암웨이와 암웨이 리더들이 남긴 유산은 지금도 계속 발전하고 있고 이는 미래에도 배양될 가치다. 여기서 키워드는 '책임'이다. 암웨이의 여러 원칙 중 하나도 책임과 관련이 있다.

"스스로 선택할 수 있는 자유가 주어졌을 때 사람들은 여기에 책임을 져야 한다. 자유와 책임은 동전의 양면처럼 붙어 다닌다. 책임은 항상 평가를 받는다. 책임이 요구되는 일이 있을 때 사람들은 그 성과에 따라 평가를 받고 그에 상응하는 판단, 나아가 보상과 처벌을 받는다. 사람은 자신이 뿌린 대로 거두는 법이므로 학교, 가정, 직장 그리고 삶의 모든 면면에서 학습을 게을리 해서는 안 된다."

Amway Story

암웨이 사업자들

- 사업자들이 궁금해 하는 것
- 마케팅 플랜에 부합하는 사업 활동
- 독립으로의 길
- 내부의 관점
- 암웨이 ABO 협회
- 자기 절제
- 가장 만족스러운 선택
- 3A: 행동, 태도, 분위기

제 10 장

암웨이 사업자들

 그들은 매력적인 부부였다. 적갈색 머리에 깔끔하고 정갈한 슬랙스를 입은 아내와 양복을 입은 남편은 마치 중요한 저녁 약속이라도 있는 듯한 옷차림새로 등장했다. 자신들을 "리치몬드에서 온 암웨이 사업자 부부"라고 소개하는 아내의 목소리에서 미국 남부 고유의 우아한 분위기가 느껴졌다.

 백발이 성성한 또 다른 여성은 80대 초반쯤으로 보였다. 그녀는 아기를 안고 있는 사진을 내게 보여주면서 미소를 지으며 말했다.

 "손주가 생겼어요. 이 아이 외에도 나이가 다양한 손주 여섯이 더 있지요. 뉴햄프셔 주의 내 고향 킨 지역에서 내가 루비로 등극한 것을 축하하기 위해 모였어요."

30대 초반으로 보이는 건장한 남성도 있었다. 그가 자신을 덴버에서 온 수석 다이아몬드라고 소개하며 악수를 하려고 손을 내밀기 전까지는 프로 골프선수인 줄 알았다.

수줍게 내게 인사한 두 명의 젊은이는 어찌나 어려 보이는지 암웨이 컨벤션 같은 행사에 참석할 자격이나 있는지 의문스러웠다. 그러나 그들 남매가 이미 사파이어에 올랐고 다이아몬드로 활동하는 부모를 따라잡을 생각이라는 얘기를 듣고 놀라지 않을 수 없었다.

수염이 나고 구겨진 재킷을 입은 학구적인 분위기의 대학교수 같은 남성도 있었다. 알고 보니 그는 트리플 다이아몬드로 "인생의 거의 4분의 1을" 암웨이 사업자로 활동해왔다고 했다.

나는 오랜 세월에 걸쳐 암웨이에 각계각층의 남녀노소를 끌어 모으는 힘이 있다는 사실에 공감해왔다. 그런데 3일 동안 열린 그 암웨이 컨벤션에서 수십 명과 심도 있는 대화를 나눈 뒤, 나는 그들이 사업자 핀을 달기 전에 다채로운 직업과 직종에 종사했다는 사실을 알고 깜짝 놀랐다. 어떤 사업자는 "암웨이는 뷔페식당 같다. 풍부한 다양성은 암웨이의 강점 중 하나다"라고 말했다.

암웨이는 나이, 성별, 학벌, 종교, 피부색, 국적, 혈통, 결혼 여부를 비롯해 어떠한 인구학적 범주로도 비하하거나 차별하지 않는다. 실제로 성공한 사업자들의 명단을 살펴보면 전직 의사, 간호사, 엔지니어, 군인, 항해사, 모델, 연예인, 교사, 정치인, 변호사, 작가, 버스 운전사, 비서, 회계사, 점원 그리고 한 번도 꾸준히 일을 해본 적 없는 사람에 이르기까지 매우 다양하다.

- 미시간 주 그랜드래피즈에서 열린

암웨이 컨벤션에 대한 저자의 회고문

사업자들이 궁금해 하는 것

암웨이 사업을 처음 접한 사람들이 가장 많이 하는 질문은 이것이다.

암웨이에서는 주로 어떤 사람들이 성공하고 또 높은 수준의 보상을 받는가?

우리는 대학에 입학하는 순간부터 자신의 능력과 교육 수준을 고려해 미래 직업이나 전문 직종을 선택하라고 배운다. 이것은 예술 감각이 있으면 예술 분야로 나아가고, 수학을 잘하면 수학과 관련된 일을 하며, 천성적으로 자연과 사람을 좋아할 경우 그와 관련된 일을 하라는 얘기다. 구체적으로 말하면 수학에 재능이 있는 사람은 이공계 직업을 선택하고, 자연과 야외 활동이 좋은 사람은 생태학과 관련된 분야를 선택하라는 논리다. 같은 맥락에서 타인을 돕는 일을 좋아하는 사람은 의료, 보건, 중앙부처 등의 분야에서 일하면 만족감을 얻을 수 있을 거라고 생각한다.

반면 암웨이는 사뭇 다른 접근법을 취한댄.

성공한 '전형적인' 암웨이 사업자는 우화에 등장하는 '기름떡을 먹인 돼지'에서 벗어난 사람에 비유할 수 있다. 불교에 전해오는 옛 이야기 중에 돼지에게 기름떡을 먹이는 대월지국(기원전 3세기경 북, 중앙아시아에 존재했던 유목민족과 그 국가이름)의 풍습에 관한 것이 있는데, 이는 기름떡으로 통통하게 살을 찌워 잡아먹기 위한 것이었다.

암웨이 사업자들은 사업을 하기 이전에 세상에 존재하는 모든 직종과 직업에 종사해온 사람들로 몇몇에게는 매우 특이한 이력이 있다. 암웨이 미팅에 관한 어느 기고문은 다채롭고 다양한 직업에 종사했던 참석자들을 묘사하고 있다. 그들은 전직이 오페라 가수, 쇼걸, 레슬링선수, 프로 축구선수, 음악가, 치과의사, 기장, 기계공, 사회복지사, 페인트공, 약제사, 컴퓨터 프로그래머, 시장, 연설가, 어업인, 탐정 등이었고 심지어 복역 후 만기 출소한 전과범도 있었다.

암웨이 사업자들은 주로 어디 출신인가?

각양각색이다. 대도시와 소도시, 농촌, 읍내, 마을, 농장, 항구, 언덕, 평지, 숲, 국가의 수도, 요양원, 촌락, 전 세계 최대 도시 등 출신 지역이 아주 다양하다. 적절한 보상을 받으며 성공적으로 사업을 펼칠 수 있는 곳이면 어디든 상관없다. 보스턴, 로스앤젤레스, 시카고 등 익숙한 도시뿐 아니라 멋진 연극이나 로맨스 소설에 등장할 법한 이름의 장소도 더러 있다.

마찬가지로 학벌, 종교, 사회적 배경, 연령, 물려받은 유산 등 개개인이 처한 상황과 조건도 각양각색이다.

암웨이는 이미 전 세계로 진출해 있기 때문에 배경, 양육 환경, 고향, 개인의 인생사, 가족관계가 해양생물의 종류만큼이나 다양하다.

암웨이에서의 성공이 개인의 배경이나 학력과 무관하다는 사실은 여러 차례에 걸쳐 입증되어왔다. 정규 직업에 종사해본 적 없는 '자그마한 체구의 할머니들' 이야기가 전설처럼 인용되고 있을 정도다. 반대로 엄청난 세일즈 경력을 자랑하는 전직 영업사원이 기세등등하게 암웨이에 뛰어들었다가 이렇다 할 실적을 내지 못하고 본업으로 돌아간 사례도 있다.

물론 여러 유능한 사업자 중에는 과거에 대기업 임원을 지냈거나 학벌이 훌륭하거나 안정적인 봉급을 받던 사람도 있다. 그러므로 성공한 사업자를 정의할 때 꼭 가난뱅이에서 암웨이 사업으로 부자가 된 사람이라고 정의하지 않도록 주의해야 한다. 중요한 것은 어떻게 동기부여를 받는가에 있지 그 사람의 학벌이나 배경, 경력이 아니다.

개중에는 저임금 노동자 출신으로 성공한 사업자도 있다. 특히 암웨이 역사 초창기와 해외영업을 시작할 무렵 그런 사례가 많이 쏟아져 나왔다. 지금은 화려한 경력의 임원과 전문가 출신이 차지하는 비중이 상당히 높다.

암웨이가 원하는 사업자의 '자질'은 무엇인가?

찰스 폴 콘은 자신의 저서 《특별한 자유(Uncommon Freedom)》의 '암웨이 스타일'이라는 장에서 이 질문을 제기했다. 암웨이에서 성공하려면 특정 자질을 갖춰야 할까?

찰스 폴 콘은 다음과 같이 자문한다.

"이 사업은 어떤 자질을 갖춘 사람이 해야 하는가? 훌륭한 우주 비행사는 담대하면서도 침착해야 하고, 회계사는 꼼꼼하면서 치밀해야 하고, 변호사는 설득력이 있어야 하고, 법정 변호사는 설득력에다 언변까지 있어야 하는데 훌륭한 암웨이 사업자의 자질은 무엇인가?"

그는 그 답변으로 이렇게 기술했다.

"정답은 존재하지 않는다. 훌륭한 암웨이 사업자는 활발하고 외향적인가, 아니면 내성적이고 조용한가? 꼼꼼하게 잘 챙기는 부류인가, 아니면 즉각적이고 분주한 편인가? 분석가 기질이 있는가, 아니면 충동적으로 행동하는 기질이 있는가? 암웨이 '스타일'은 천성적으로 관심받기를 좋아하고 무대에 오르는 것에서 희열을 느끼는 생기발랄한 성향인가, 아니면 최대한 내색하지 않고 꾸준히 자기 목표를 향해 경주하는 과묵한 성향에 가까운가? 이 모든 질문에 대한 답은 '그렇다'이다."

이어 찰스 폴 콘은 다양한 부류에 속하는 사업자들을 인용하며 자신의 주장을 전개했다.

인터넷의 여러 사이트 중 하나인 '정보센터(Information Center)'는 다음의 통계보고서를 게재했다.

"네트워크 마케팅 사업자 중 37퍼센트가 4년제 혹은 2년제 대학을 수료했고, 23퍼센트는 학사학위 소지자이며 9퍼센트는 석박사급입니다. 고등학교 중퇴자는 7퍼센트, 고졸 출신은 24퍼센트입니다. 이들 중 89퍼센트가 본업을 포기하지 않고 부업으로 판매 활동을 합니다."

사람들이 암웨이 사업을 하는 이유는 매우 다양하다. 그들이 돈이나 금전적 혜택에만 이끌려 사업을 하는 것은 결코 아니다. 예를 들면 사업 기술을 습득하거나 자기사업을 소유하고 운영하는 노하우를 배우기 위해 뛰어드는 사람들도 있다. 원하는 시간에 원하는 속도로 사업을 키워가는 자유로움에 이끌리는 경우도 있고, 단순히 낙관적이고 긍정적인 사람들과 함께할 때 느껴지는 만족감 때문에 사업을 하는 사람도 있다.

여하튼 많은 암웨이 사업자에게는 한 가지 공통분모가 있다. 그것은 사업적 유연성을 갈망한다는 점이다.

사이트 '정보센터'는 다음과 같이 설명한다.

"대부분의 일반 직종 종사자와 달리 암웨이 사업자들은 원하는 때에 자신의 페이스와 일정에 맞춰 스스로 정한 목표에 따라 재택근무를 할 수 있습니다. 가령 오후에 학교수업을 듣거나 골프 약속이 있거나 친구를 만나야 할 경우 일하는 시간을 조정하는 것이 가능합니다.

암웨이 사업을 하는 시간, 장소, 할애하는 시간의 양은 암웨이 사업자가 스스로 선택합니다. 이처럼 뛰어난 유연성은 암웨이 사업이 전 세계 많은 사람들에게 매력적으로 다가가는 중요한 이유 중 하나입니다."

오랫동안 암웨이 사업자로 활동한 제임스 엘리엇은 암웨이가 특히 사람과 가족을 중시하는 이들에게 크게 어필한다고 말했다.

"나를 암웨이 사업으로 이끈 것은 다른 사람들에게 도움을 준다는 개념이다. 암웨이 사업은 부모가 자녀의 귀감이 되도록 훌륭한 역할을 하는 효과적인 방식을 제시하기 때문에 가족 간의 유대감이 배가된다. … 암웨이의 중요한 역할 중 하나는 다른 사람들의 삶에 지속적으로 영향을 줄 기회를 얻는다는 점이다. 다른 사람들이 그들의 꿈을 이루도록 도와주는 동시에 자신의 꿈을 이룰 수 있다. 효과적으로 사업을 운영하는 비결은 팀워크에 있다."

딕 디보스는 《불멸의 가치관》에서 이런 견해에 전적으로 동의를 표했다. ABO에게는 최소한 한 가지의 공통점이 있는데 그것은 사람 중심적 성향이 강하다는 것이다. 책에서 그는 이렇게 기술하고 있다.

"암웨이는 무엇보다 사람 중심의 사업이다. 암웨이에서 행사를 열 경우 직원들이 배우자와 함께 참석하도록 권장한다. 직원 가족이 암웨이에 입사하고자 할 때는 우선적으로 입사 기회가 주어진다. 사업자들에게는 부부가 팀을 이뤄 사업을 성장시킬 것을 권한다. 당시만 해도 매우 혁신적으로 보인 '가족 친화적인' 접근법은 암웨이 직원, 사업자, 창업자 가족 간의 충성도와 신뢰를 높여주었다."

딕 디보스는 저서에서 사업자가 되었거나 되기를 희망하는 사람에게는 도전정신과 자기 행동에 책임을 지겠다는 마음자세가 필요하다고 했다. 또한 성공을 위해서는 인내와 자기절제가 필수적이며 자유롭고 독립적인 자기사업을 하려면 일과 목표 달성에 대한 집념이 있어야 한다고 말했다.

오랜 시간에 걸쳐 사업자들의 특징을 분석하고 무엇이 그들에게 동기를 부여하는지 분석해온 섀드 헴스테터는 집념과 관련해 사업에 '진지하게' 임하는 사람들의 실적이 높다는 데는 의심의 여지가 없다고 언급했다. 그는 《미국의 승리: 오늘날 암웨이의 실제 이야기》에 다음과 같이 썼다.

"암웨이 행사, 특히 사업자들 중 행사 참석자와 비참석자를 분석하기로 결심하기 전 나는 한동안 암웨이 사업자들의 태도와 그들에게 주어진 기회를 연구했다."

그는 암웨이 세미나나 기타 행사에 참석하는 사람들은 사업에서 앞으로 나아가는 것에 지대한 관심을 보였고 매우 즐거워했다고 전했다. 또한 그들이 행사에 참석하는 것을 사업의 중요한 일부로 여기고 자신의 목표에 보다 강력하게 집중했다는 점도 강조했다. 그에 따르면 암웨이 사업자들은 행사 참여를 상당히 진지하게 받아들였다.

반면 행사에 정기적으로 참석하지 않는 사람들은 다른 개인적인 활동을 우선시하고 행사의 중요성을 인지하지 못했다. 나아가 스스로를 그다지 신뢰하지 않았고 사업을 하면서 소소한 일에 방해를 받았으며 무엇보다 네트워크 마케팅 사업을 진지하게 받아들이지 않았다.

누구보다 이상적인 사업자 자질을 갖춘 두 창업자 중 한 명인 제이 밴 앤델은 자서전 《영원한 자유기업인》에서 이렇게 설명했다.

"암웨이는 단 한 번도 빨리 부자가 되는 조직이었던 적이 없다는 것을 모르는 사람들이 있다. 일부 사업자는 단기간에 많은 부를 축적하기도 하지만 늘 부를 보장받는 것은 아니다. 사업을 최대한 크게 키우고 싶은 사람은 나와 리치가 암웨이를 창업하고 나서 장시간 근면 성실하게 일한 모습을 롤모델로 삼으면 된다. 내가 오랫동안 언론을 상대하면서 얻은 교훈은 사람들에게 이 점을 최대한 분명하게 알려야 한다는 것이었다."

암웨이 마케팅 플랜을 발표하는 모든 자리에서 사업자들은 〈암웨이 비즈니스 리뷰〉를 배포하는데, 여기에는 사업자들의 월평균 소득과 보너스가 기재되어 있다.

"암웨이의 여러 미팅과 랠리에서는 암웨이 사업으로 억대 연봉을 달성하는 등 크게 성공한 사람들을 소개한다. 그러나 커다란 성공 스토리에만 초점을 두면 전 세계에서 매주 수백만 명이 암웨이에 할애하는 시간에 비례해 보상을 받는 진정한 암웨이의 성공담을 놓칠 수 있다. 뉴욕 주에서는 자녀를 학교에 데려다주어야 해서 재택근무를 희망하는 사람이 있었다. 터키에서는 여섯 자녀를 둔 아버지가 대가족을 부양하고자 암웨이 사업을 했다. 일본의 한 샐러리맨은 하와이로 휴가를 떠날 비용을 마련하기 위해 암웨이 사업을 했다. 이들은 모두 본업에서 버는 돈 외에 추가로 더 벌려는 목적으로 주당 5시간 정도만 할애한 경우다. 만약 10시간을 할애한다면 자녀의 학자금을 모으는 데 보탬이 될 것이다."

암웨이에는 분명 사업기회가 존재하고 각 사업자들은 자신의 목표를 스스로 결정한다.

"우리가 사업자들에게 제안하는 조건은 암웨이 사업기회를 원

하는 대로 활용하라는 것이다. 우리에게 골칫거리에 대해 불평하거
나 해내기 어렵다며 의기소침해하지 말고 이 기회를 잡아 해낼 수
있는 정도를 우리에게 보여 달라."

제이 밴 앤델만큼 성공적인 사업의 기질을 몸소 보여주는 또 다
른 창업자가 바로 리치 디보스다. 그는 자신이 출간한 《더불어 사는
자본주의》에서 자유기업을 옹호하고 궁극적으로 암웨이의 개인적
성취 철학을 믿는 부류를 명확히 묘사한다.

그들에게는 신앙심이 있고 가족, 우정, 교육, 지역사회를 중시하
며 개인이 시간적·재정적 자유를 성취하는 최상의 방법이 자기사
업이라는 것을 알고 있다. 이에 따라 매우 진지한 자세로 자신이 달
성할 수 있는 재정적 우선순위를 설정한다. 나아가 그들은 목표 달
성을 위해 부지런히 일하고 다른 사람들도 재정적 자립을 성취하도
록 돕는다. 또한 그들은 자신의 현주소와 추구하는 목표를 달성하기
위해 변화가 필요한 부분을 냉철하게 분석한다. 동시에 주변 환경을
보존하고 보호하는 일에도 앞장선다.

이 모든 자질은 암웨이 사업에 적합할 뿐 아니라 부를 축적하고
개인적인 성장 발판을 마련하는 데도 필수적이다.

암웨이는 사업자에 대한 '기준'을 어떻게 정하는가?

암웨이는 인종, 종교, 피부색, 국적 등 그 어떤 인구통계학적 조

건에 상관없이 사업자를 영입하지만 사업자의 개인적인 특징과 관련될 수 있는 특정 규정을 준수할 것을 요구한다.

사이트 '정보센터'는 이렇게 명시하고 있다.

"사업자로 활동하려면 암웨이의 '행동강령'을 준수하겠다는 동의서에 서명해야 합니다. 매년 암웨이 사업을 갱신할 때는 자발적으로 준수에 동의해야 합니다.

암웨이의 규정은 윤리적인 직접판매 원칙을 촉진하고 모든 사업자에게 자기사업 운영에 필요한 실질적인 절차를 제공하는 것을 목표로 합니다. 행동강령 규정은 몇 가지 활동을 의무화하고 있습니다. 사업자들과 본 계약을 체결함으로써 암웨이는 해당 계약 사항 및 계약 해지를 포함한 관련 규정을 이행할 권리를 갖습니다."

현실적인 얘기를 하자면 천성, 습관, 직업관을 기준으로 볼 때 암웨이 사업자가 되기에 부적합한 사람도 간혹 눈에 띈다.

마케팅 플랜에 부합하는 사업 활동

성격적 기질, 목표, 경험, 트레이닝 수료 여부 등과 무관하게 암웨이 마케팅 플랜의 기본 전략과 필수사항을 준수하지 않으면 암웨이 사업자로 활동할 수 없다. 마케팅 플랜의 목표는 두 가지다.

첫째, 양질의 제품으로 구성해 전 세계적으로 사랑받는 제품라인을 제공함으로써 재구매 고객을 중심으로 한 핵심 고객 명단을 확보한다. 둘째, 다른 고객들도 재구매 고객 명단에 올릴 수 있도록 노력을 배가한다.

사업 초기에 모든 사업자는 충분한 양의 제품을 주문해 보관해두고 주문에 빠르게 대응하는 방법으로 고객만족을 실현했다. 그러나 이런 방식은 재고물량이 넘쳐나는 사업자들이 많이 생겨나면서 이미 초창기에 수정했다. 지금은 제품을 잔뜩 구매해 개인적으로 보관하는 사업자는 거의 없다. 공급과 주문을 자동 처리하는 시스템을 구비했기 때문이다. 덕분에 암웨이의 협력업체와 소비자까지도 편리함이라는 이점을 누리고 있다.

더 큰 성공과 수익을 향한 목표 달성은 각 사업자가 다운라인 그룹을 후원하는 역량에 달려 있다. 이 단계에서는 많은 인내심이 필요하다. 다운라인 사업자들이 실제로 제품을 전달하고 그 수량이 늘어나야 수익성과 입지를 확대할 수 있기 때문이다.

암웨이 윤리강령

ABO가 되길 희망하는 자는 다음의 사항에 반드시 동의해야 한다.

- 나는 사업을 해 나가면서 '황금률 법칙'을 기본 원칙으로 삼아 남에게 대접받고자 하는 대로 남을 대접하도록 항상 노력한다.
- 나는 공식 암웨이 매뉴얼과 기타 자료에서 다루는 행동강령을 수용하고 이행한다. 글로만 읽고 끝나는 것이 아니라 규정의 정신을 마음에 새긴다.
- 나는 신뢰를 주는 정직한 방법으로 내 기존고객과 잠재고객에게 암웨이 제품 및 사업기회를 제시하고, 공식 암웨이 자료에 나오는 설명 이외의 주장을 하지 않는다.
- 나는 클레임이 발생할 경우 교환과 환불에 관한 공식 암웨이 자료의 절차에 따라 예의를 갖춰 신속히 처리한다.
- 암웨이 사업자로서 내가 하는 행동은 내 사업뿐 아니라 다른 암웨이 사업자들에게도 광범위하게 영향을 주므로 청렴, 정직, 책임에 가장 엄격한 기준을 적용해 행동한다.
- 나는 공식 암웨이 자료에 나오는 암웨이 사업자의 다양한 책임사항을 수용하고 실천한다.
- 나는 암웨이 마케팅 플랜과 제품에 관해 암웨이가 승인하고 출간한 자료를 사용한다.

한편 사업자가 특정 수준의 성공에 이르려면 어느 정도 개념 파악 능력과 사업 감각이 요구된다. 마케팅 활동을 계산할 때는 두 가지 기준을 적용하는데, 하나는 전달한 제품으로 측정하는 보너스 점수인 BV(Business Volume, 판매가격치. 각 제품에 부여한 가격지수[가격 등락에 따라 조정]로 후원수당 금액을 산정하는 기준 점수)이고 다른 하나는 각 제품에 부여된 고유 점수치로, 자격 및 후원수당의 비율을 선정하는 기준점수인 PV(Point Value, 판매점수치)다.

이 두 가지 기준으로 마케팅 플랜에 따라 회사나 업라인 사업자가 지급하는 보너스 수당을 계산하는데, 이것은 사업자가 달성한 성공 수준을 보여준다. 북미에서 첫 번째 레벨인 PT가 되려면 매달 판매기준 총 7,500PV를 누적해 6개월간 유지해야 한다. 암웨이 마케팅 플랜은 암웨이가 진출한 각 해외시장의 법 규제와 관습에 맞게 조정한다.

독립으로의 길

암웨이에서는 사업을 시작하기로 결정한 시점부터 PT로서 초기 실적을 달성하는 과정이 미래의 성패를 결정하는 경우가 많다.

동기부여가 어렵고 의지가 확고하지 않은 사람은 실패하기 십상이다. 하지만 새롭게 도약하면서 스폰서의 둥지에서 벗어나 직접 독립적으로 사업하고자 하면 암웨이로부터 실적에 따른 보상을 받는다. 그 시점에 도달할 경우 추가 인센티브를 받고 상을 수상하거나 암웨이가 비용을 지불하는 여행을 가며 공식석상에서 박수갈채를 받는다.

지금껏 가장 성공한 암웨이 사업자들은 PT에서 루비, 다이아몬드, 크라운 그리고 최종적으로 크라운 앰배서더 레벨로 오르는 '대도약'으로 동기를 부여받았다. 예를 들어 한 회계연도에 여섯 레그의 사업자 그룹이 PT를 달성하도록 도와주면 다이아몬드가 된다.

내부의 관점

암웨이의 경영진은 줄곧 독립 사업자에 대한 통계 기준을 마련하기 위해 노력해왔다. 이것은 단순히 통계수치를 얻기 위해서가 아니라 전 세계 사업자들에게 보다 명확하고 쉽게 다음의 사항을 알려주기 위해서였다.

- 어떠한 부류를 대상으로 리크루팅을 시도하는 것이 좋을까?
- 일단 암웨이에 발을 들이면 오랫동안 정진해서 성공할 확률이 높은 부류
는 어떤 사람인가?

암웨이의 전 최고운영책임자 토머스 이글스턴은 이와 관련된 내
용을 〈아마그램〉에 다음과 같이 명확하게 설명했다.

"암웨이 사업을 장기적 관점에서 운영해야 미래를 보장받을 수
있다. 단기적 수익뿐 아니라 장기적 번영을 지향하며 의사를 결정하
고 행동을 취해야 한다. 예를 들어 크라운 핀을 성취한 사람을 생각
해보자. 미래를 보장받고자 노력할 때 확고한 의지와 강인함이 있어
야 크라운이 될 수 있다. 구체적으로 황금률 법칙을 준수하면서 수
년간 그룹을 구축해 사업을 키우면 확고한 의지가 생겨난다. 또한
개인적인 난관과 사업 침체기가 찾아올 때마다 이를 극복하면서 미
래에 집중하는 강인함이 필요하다.

스폰서 역할의 주요 취지는 강력하고 장기적인 암웨이 사업을
구축 및 유지하는 데 있다. 스폰서 역할과 암웨이 사업의 지속성에
뚜렷이 존재하는 상관성을 간과하는 사업자는 잠재적 보상을 놓치
고 만다. 내가 여기서 강조하고 싶은 것은 누구에게나 암웨이 사업

에서 성공할 잠재력이 있으므로 어느 누구에게든 편견을 보이지 않아야 한다는 점이다.

암웨이에는 편견 없는 스폰서 문화가 제대로 잡혀 있다. 어떤 경로로 사람들을 만나든 각자 니즈, 관심사, 동기가 다르므로 누가 사업자로 등록할지 예측하기 어렵다.

ABO중에는 이전에 사업자로 활동하다가 아무도 꾸준히 관리해주는 사람이 없어서 잊히는 바람에 회원 갱신을 하지 못해 큰 보너스를 놓치는 경우도 있다. 갱신하지 않는 사업자의 25퍼센트도 계속 물품을 구매하면 갑자기 크게 줄지 않는다. 어떤 이유로든 갱신 유효 기간을 놓친 이들 전직 사업자는 업라인에서 조금만 더 관리해주면 성공한 사업자가 될 가능성이 크다."

암웨이 ABO협회

오랜 경력의 사업자들로 구성된 암웨이 ABO 협회는 암웨이사와 협력해 사업자에게 최상의 사업 환경을 제공하려 노력한다. 특히 협회는 새로운 사업 이슈, 신제품 개발 및 출시, 사업자의 행동강령 수정사항, 암웨이의 글로벌 확장에 관한 최신 정보를 제공한다. 또한 불만사항이나 독립적으로 해결하기가 불가능한 문제에 필요한 조언, 사업을 개선하는 여러 가지 혁신적인 제안을 듣도록 사업자들을 위한 창구 역할을 한다.

만약 어떤 법안이 통과되면 협회 이사회는 사업자들이 신규사업자를 후원하거나 사람들을 대할 때 이 법을 숙지해야 한다고 강력하게 조언한다. 1990년 미국 장애인법이 국회를 통과하자 이사회는 관련법에 대한 사업자들의 질문에 자세하게 답변을 해주었다.

미국 장애인법은 모든 종류의 제품, 서비스, 시설, 특권, 장점, 대중시설에 관한 한 장애를 이유로 차별을 금지하는 법이다. 모든 대중시설에서 장애인이 소외되거나 서비스를 제공받지 못하거나 어떤 방식으로든 다른 사람과 차별대우를 받지 않도록 보조수단 및 서비스를 제공하는 것이 불합리한 부담이 아니라면 의무적으로 제공해야 한다.

그러면 사업자들의 질문과 협회 이사회의 답변을 살펴보자.

'대중시설'은 무엇을 뜻하나요?

대중에게 개방한 장소를 말합니다. 호텔이나 컨벤션 같은 대중시설에서 행사를 열 경우, 대중에게 개방했는가와 무관하게 행사장은 공공시설이 됩니다.

사업자의 개인 거주지도 대중시설이 될 수 있나요?

아닙니다. 사업자나 다운라인 사업자, 잠재고객, 기존고객의 개인 거주지에서 행사를 열어도 대중시설이 아닙니다. 대중에게 공개한 장소가 아니기 때문입니다.

시설 법 준수에 따른 책임은 누가 지나요? 시설 측인가요, 아니면 시설을 임대해 사용하는 사업자인가요?

대중시설에서 행사를 진행하는 경우, 주최 측은 행사시설 측과 동일하게 미국 장애인법의 모든 규정을 준수할 책임이 있습니다. 현재 많은 시설이 장애물을 제거하고(경사로 설치, 휠체어가 들어가는 장애인 화장실 마련 등) 비차별적 서비스(청각장애인을 위한 수화통역사 서비스 등)를 제공할 책임에 관한 규정을 계약서에 포함하고 있습니다.

법을 준수하지 않았을 때 어떤 법적 제재가 따르나요?

일반 개인이나 미국 법무부가 제기한 민사소송에서 법원이 법을 준수하지 않았다고 판단할 때 1회 위반에는 최대 5만 달러의 과징금이, 2회 이상 위반 시에는 10만 달러의 과징금이 부과됩니다. 추가사항은 암웨이 관계 부서에서 배포하는 자료를 참고하세요. 우리는 암웨이의 사업기회가 모두에게 공평하게 주어지길 바랍니다.

암웨이 사업을 하기로 결정한 사람들 중 상당수는 그 이유가 '독립'을 원해서라고 한다. 그렇지만 독립은 그 자체로 몇 가지 책임을 수반한다. 이것은 월급을 받는 일반적인 직장인에게 주어지는 책임과는 차원이 다르다. 스스로를 독립적이라고 생각하는 사람들 중에도 자신에게 요구되는 책임을 이행할 준비를 갖추지 못한 경우가 많다.

자기 절제

리치 디보스는 종종 사업자들에게 이런 말을 했다.

"우리는 자기 절제력과 관련해 중요한 결정을 내려야 한다. 자신에게 관대할 것인가, 엄격할 것인가? 관대하게 살기로 결정한 사람은 모든 언행에 그 특성이 묻어난다. 엄격하기로 마음먹은 사람 역시 몸과 생각에 그것을 반영해 할 일을 미루는 게 아니라 제때 해내고 자기 일이 정말 좋아서 한다. 이것은 운동을 하러 밖으로 나가는 것과 비슷하다. 운동은 시간과 노력을 투자한 만큼 몸에 그 결과가 나타난다. 운동(혹은 일)을 할 때 엄격한 기준을 정해놓고 따르면 게으르고 민첩하지 않아 다른 이에게 입지를 빼앗긴 사람에 비해 훨씬 더 만족스러운 결과를 얻는다."

사업자들은 흔히 긍정적 마인드를 강조하는 데 들이는 정성과 시간을 평가하고 분석하라는 권유를 받는다. 절제력은 나이가 들수록 좋은 습관으로 나타나고 학습 능력에 도움을 주기 때문에 매우 중요하다. 몸매를 관리하고 건강을 유지하며 활동적으로 지내기에 절제만큼 좋은 가치도 없다. 절제를 포기하는 순간 모든 영역에서 나사가 풀려 정상적으로 활동하기 어렵다.

디보스는 다음과 같이 강조했다.

"우리가 자주 직면하는 문제 중 하나는 해야 할 일을 제대로 하지 않는 것이다. 이 같은 인간의 취약함을 극복하려 노력할 때 우리는 두 가지를 기억해야 한다. 첫째, 절제가 어려운 일이라는 것을 인정한다. 어떤 사람이든 어디에 거주하든 얼마나 똑똑하든 절제는 인간의 본능에 역행하게 마련이다. 우리가 절제를 본능적으로 거부한다는 것을 일단 받아들여라. 둘째, 절제력과 좋은 습관은 어릴 때부터 길러야 한다. 예를 들어 종교시설에 나가는 일이 어떤 이에게는 습관으로 배어 있지만 그렇지 않은 이들도 있다. 삶에서 건강 악화나 가난, 배고픔, 정서적 불안 등의 위기가 닥칠 때 기존의 절제 있는 생활패턴에 변화가 일어나기도 한다."

쳇바퀴 돌 듯 반복적인 일상을 멈추고 자신의 삶과 활동을 돌아보게 만드는 사건에는 어떤 것이 있을까? 가족의 죽음, 불행이 닥쳐 갑자기 자녀가 집을 떠나야 하는 상황, 체중·식단·생활방식을 심각하게 고민해야 할 만큼의 건강 적신호 등이 있다.

이것을 두고 심리학자들은 '인생의 전환점'이라고 표현한다. 이런 사건이 자신의 관점이나 습관을 바꿔 문제와 위협에 맞서기 위해 절제하도록 유도하기 때문이다.

절제력이 약한 사업자라면 다음의 항목을 점검해 실천에 옮겨보라.

- 매일 시간을 정해놓고 최소 한 가지의 해야 할 일을 완수한다.

- 규칙적으로 완수해야 하는 일이 있을 경우 혼자서 하기보다 그룹을 만들어 협업해서 완수한다.

- 운동, 다이어트, 해야 하는 일의 수행계획표 같은 활동 성과표를 작성한다.

- 해야 하는 일을 완수할 때마다 자신에게 보상을 한다.

- 눈에 띄는 곳(냉장고 등)에 자신이 제대로 절제했을 때 돌아올 보상을 보여주는 사진을 붙인다.

- 흥미를 일으킬 만한 요소를 활용해 지겹게 느껴지는 해야 할 일을 하고 싶게 만든다.

디보스는 이렇게 덧붙였다.

"사람들은 의욕만 앞세워 자신에게 무리한 절제를 강요하기도 한다. 좋은 습관이 몸에 배이기까지 수년이 걸릴 수도 있다는 사실을 간과하고 일주일이나 한 달 만에 원하는 결과를 얻으려 하는 것이다. 60일 다이어트에 성공해 몸무게를 줄였지만 30일도 채 지나지 않아 요요현상을 경험하는 이유는 무엇일까? 원하는 습관이 몸에 배일 정도로 숙성되지 않았기 때문이다."

암웨이 창업자들은 자기절제를 위한 가장 효과적인 방법은 다른 사람들과 함께 이뤄가는 것이라는 점을 이미 사업 초창기에 깨달았다. 이것은 현재 암웨이를 경영하는 그들의 자녀들도 실천에 옮기는 원칙이다. 문제를 그룹 차원에서 해결하면 혼자 하는 것보다 쉽고 지속적으로 해낼 수 있다.

다른 이들과의 협업은 동기를 부여하는 하나의 방법이다. 목표가 오로지 지식 함양뿐이라면 굳이 대학에 가지 않아도 책과 동영상, 오디오파일 등을 통해 충분히 학습할 수 있다. 우리가 애써 대학에 가는 이유 중 하나는 그룹의 일원이 되고 혼자서 하는 공부보다 함께할 때 능률이 배가되기 때문이다. 지금은 인터넷만 연결되면 집에서 홀로 학습하는 것이 충분히 가능할 정도로 자료가 넘쳐난다. 그렇지만 효과적으로 절제력을 발휘하며 혼자서 학습을 해내는 사람은 드물다.

가장 만족스러운 선택

꼭 해야 하지만 그것이 지루할 때는 최소한 지루함이라도 줄이면 큰 도움이 된다. 예를 들어 실내용 자전거를 생각해보자. 이것은 야외로 나가거나 운동복으로 갈아입거나 날씨에 영향을 받는 일 없이 집 안에서 편하게 자전거를 탈 수 있도록 발명한 운동기구다.

문제는 야외에서 자전거를 타면 속도감도 있고 풍경이나 볼거리가 있어서 재미있지만 집에서 자전거 페달만 밟는 것은 지루하다는 데 있다. 그래서 사람들은 페달을 밟으며 TV를 보거나 독서를 하거나 음악을 들으며 칼로리를 태우고 있다.

암웨이는 암웨이 사업을 할 때 지속적인 동기부여를 위해 다른 차원의 절제가 필요하다고 주장한다. 암웨이 사업은 독립적인 자기사업이고 언제 일을 할지, 어느 시점을 마감시한으로 정할지 간섭하는 사람이 없으므로 특히 자기절제가 중요하다.

일반적인 조직에서는 특정 장소에 규칙적으로 출근해 특정 업무와 주어진 일만 처리하면 그만이다. 이는 스스로 의도하지 않아도 절제 있는 업무 처리가 가능하다는 의미다. 물론 이렇게 주어진 일만 하는 직장인은 언젠가 해고당할 가능성도 고려해야 한다.

반면 자기사업을 할 때는 반드시 일과를 스스로 정해야 한다. 일과를 적절히 정해놓지 않으면 실패할 확률이 높다. 이때 팀워크가 절제력을 기르는 데 효과적이므로 두 명 이상의 사람들과 협업하는 것도 좋다.

특히 목표를 설정하고 가족의 참여를 유도하면 빠른 속도로 사업을 키울 수 있다. 목표를 달성했을 때 혹은 목표에 가까이 다가갔을 때 자신에게 상을 주는 방법도 고려해야 한다. 가령 몸무게가 목표로 한 만큼 줄어들거나 스스로 정한 자기계발 단계에 도달하면 반드시 그 노력을 인정하고 넘어간다. 그 보상에 자녀와 가족이 동참하거나 최소한 칭찬 한마디라도 해주면 도움이 된다.

이것이 바로 암웨이의 핵심이다. 이 부분은 암웨이 역사에서 견고하게 유지되어왔다.

3A: 행동, 태도, 분위기

60년대에 미국에서는 쿠바 미사일 사태, 케네디 대통령 암살 사건, 베트남전, 미국 학생들의 마약 중독, 폭력을 동반한 시민권 운동 등 사건과 사고가 많이 발생했다. 그런데 리치 디보스는 여러 방면에서 혼란과 소요가 있던 그 시기를 이렇게 회고했다.

"최악의 시절이라고 말하는 사람도 있지만 우리에게는 최고의 황금기였다."

어찌된 일일까? 그의 얘기를 더 들어보자.

"반대론자들이 공포 분위기를 느끼는 와중에도 국가 경제와 대부분의 지역사회는 순조롭게 발전하고 있었다. 대부분의 사람들에게 만족스러운 일자리가 있었고 가처분소득 수준도 높았으며 인플레이션도 어느 정도 안정세를 유지했다. 그 어느 국가보다 미국에는 경제, 사회, 여가, 문화, 정신적으로 풍부한 기회가 있었다. 암웨이에서 우리는 종종 '남들이 걸어갈 때 우리는 뛰어가자'라고 말한다."

사업자의 커뮤니케이션과 개인 활동 지침의 관점에서 성공적인 암웨이 프로그램 중 하나는 '3A'인데, 암웨이는 그것을 다음과 같이 표현했다.

인간의 모험에는 3A로 불리는 세 가지 패턴이 나타난다. 그것은 모험의 여정과 거기에 참여하는 사람들에게 지대한 영향을 주는 세 가지 요소를 말한다.

첫째, 행동(Action)이다.

행동은 우리가 목표에 시선을 고정하고 그것을 지향하며 실천에 옮기는 것을 말한다. 그 목표는 제품 전달을 비롯해 다른 사람들이 어떤 결정을 내리도록 영향을 주는 일, 큰 건물의 시공을 계획하는 일, 예술을 지원하는 일, 공직에 출마하는 일, 그 밖에 인간의 노력이 필요한 어떤 영역에든 참여하는 일을 아우른다.

둘째, 태도(Attitude)다.

행동으로 옮기는 것은 상당 부분 태도에 달려 있기 때문에 태도도 필수 요소다. 자녀를 양육할 때 특정 행동을 요구할 수 있지만, 자녀가 사춘기를 지나 혹시라도 부정적인 태도로 일관하면 어떠한 행동도 요구하기가 점차 어려워진다.

행동을 효과적으로 유도하려면 강요하지 않아도 행동으로 이어지도록 하는 마음가짐, 즉 태도를 길러야 한다. 행동을 강요할 수 없기에 태도로 눈을 돌리는 셈이다. 바람직한 태도가 몸에 배어 있으면 어떤 행동을 하도록 동기를 부여하는 일은 좀 더 쉬워진다.

아무리 우리가 옳다고 생각하는 것이 있어도 그것을 상대에게 강요할 수는 없는 법이다. 설득력을 높이려면 먼저 신뢰감을 형성해야 한다. 신뢰감이 형성될 경우 상대의 호의적인 태도를 기대할 수 있다. 하지만 '이러이러한 내 생각과 태도가 옳아' 하며 일방적으로 강요할 수는 없다.

셋째, 분위기(Atmosphere)다.

분위기는 세 가지 중에서 우리가 통제할 수 있는 유일한 요소다. 이 사실을 받아들인다면 남에게 행동을 강요하거나 태도를 바꾸려 어리석은 노력은 하지 않을 것이다.

분위기는 태도와 행동을 위한 동기부여의 장이다. 분위기의 위력을 완전히 파악할 경우 행동과 태도를 변화시키는 데 활용할 수 있다.

우리는 각자 다른 환경 혹은 분위기에서 성장했다. 살기 좋은 환경에서 유년 시절을 보낸 사람도 있고 부조리와 안타까움이 만연한 낙후된 분위기에서 자란 사람도 있을 것이다.

어떤 노력을 기울이든 여러분은 사람들이 제대로 된 공기를 마시도록, 즉 편안하고 좋은 기분을 느끼도록 분위기를 만들어주어야 한다. 이때 분위기는 마음의 포문을 열어 동기를 부여하는 강력한 긍정의 힘으로 작용한다.

이제 마무리를 하면서 나는 이 글을 읽는 모든 독자가 자신의 가치관을 재발견하길 바란다.

강하고 담대하게 오늘 첫발을 내딛어라. 누군가를 보며 미소를 지어라. 친구나 동료에게 감사의 쪽지를 전하라. 지역사회에서 자원봉사 활동에 참여하라. 우리가 활용할 수 있는 기회는 무궁무진하다. 무엇보다 중요한 것은 자신의 집념을 토대로 노력하고 전진하는 일이다.

"과거의 전성기를 감히 되돌아보지 마라. 우리는 앞으로 다가올 전성기를 고대해야 한다."

-애들레이 스티븐슨(Adlai E. Stevenson)

Amway 한 눈에 보이는 한국암웨이

출처 - 공정거래위원회(17년 7월 자료)

한국 네트워크마케팅 시장의 매출규모 추이

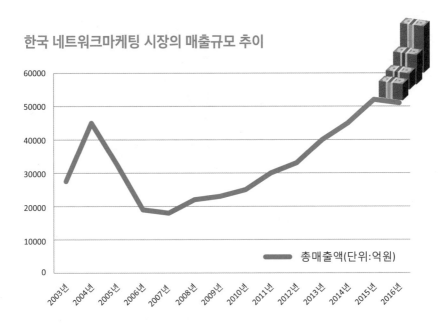

총매출액(단위:억 원)

최근 5년간 한국 네트워크마케팅 시장 매출액 추이

연도	2012년	2013년	2014년	2015년	2016년
매출액	3조2,936억원	3조9,491억원	4조4,972억원	5조1,531억원	5조1,306억원

최근 5년간 한국 네트워크마케팅 사업자 수 추이

연도	2012년	2013년	2014년	2015년	2016년
등록 판매원 수	470만명	572만명	689만명	796만명	829만명
후원수당 수령 판매원 수	118만명	126만명	134만명	162만명	164만명

2016 상위 10개 한국 네트워크마케팅 회사 매출액 비율

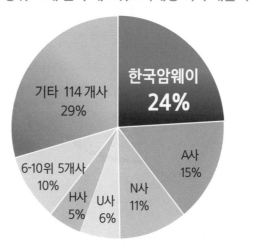

■ 매출액(단위: 백만원)

한국암웨이 **24%**

A사 15%

N사 11%

U사 6%

H사 5%

6-10위 5개사 10%

기타 114 개사 29%

2016 한국 네트워크마케팅 업체 매출 현황

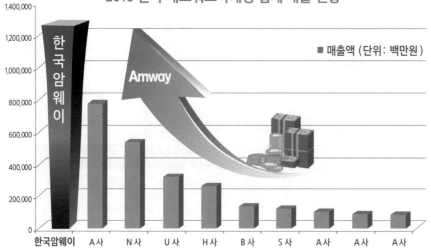

■ 매출액 (단위 : 백만원)

한국암웨이

Amway

한국암웨이　A사　N사　U사　H사　B사　S사　A사　A사　A사

Amway 한 눈에 보이는 한국암웨이

한국 암웨이 매출액 추이 현황

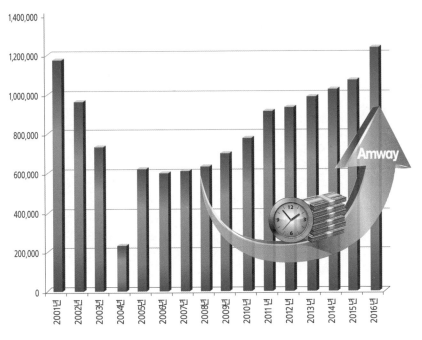

한국 암웨이 10년간 후원수당 지급 현황

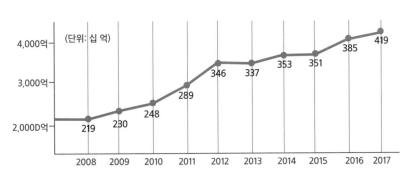

(단위: 십 억)

2008	2009	2010	2011	2012	2013	2014	2015	2016	2017
219	230	248	289	346	337	353	351	385	419

수백만 명의 인생을 바꿔놓은

암웨이 스토리

1판 1쇄 찍음 2018년 7월 12일
1판 5쇄 펴냄 2022년 2월 10일

지 은 이 윌버 크로스
옮 긴 이 최기원
감　　수 윤은모
펴 낸 이 배동선
　　　　　마케팅부/최진균
펴 낸 곳 아름다운사회
출판등록 2008년 1월 15일
등록번호 제2008-1738호
주　　소 서울시 강동구 성내로16,3층 동해빌딩 303호 (우: 05403)
대표전화 (02)479-0023
팩　　스 (02)479-0537
E-mail assabooks@naver.com

ISBN : 978-89-5793-198-1 03320

값 10,000원

잘못된 책은 교환해 드립니다.